AF329108

LETTRES

SUR LE

SOCIALISME MODERNE.

LETTRES

SUR LE

SOCIALISME

PAR

Aurélien DE COURSON.

—

PARIS

VATON, LIBRAIRE-ÉDITEUR,

RUE DU BAC, 46.

1849

LETTRES

D'UN BAS-BRETON A UN DE SES COMPATRIOTES

SUR LE SOCIALISME MODERNE.

—

I

Vous désirez, mon cher ami, que je vous fasse connaître mon opinion sur les diverses écoles socialistes, sur les dangers du communisme, sur la valeur des nombreux travaux critiques récemment publiés par MM. L. Faucher, M. Chevalier, etc. J'ai là, dans mon portefeuille, beaucoup de notes à ce sujet ; mais, avant de satisfaire à votre désir, je crois indispensable de vous dire quelques mots des ancêtres de nos modernes utopistes.

Dans tous les temps il a existé des imaginations ardentes, des esprits chimériques, qui, fatigués du spectacle des misères humaines, se sont créé un monde imaginaire où l'âme était affranchie de toute peine, la société de toute injustice. Qui n'a lu les poétiques rêveries de Platon, opposant les merveilles d'une république impossible aux tristes réalités de la civilisation athénienne ?

« Il faut que les richesses soient communes entre tous les citoyens et que l'on apporte le plus grand soin à retrancher du commerce de la vie jusqu'au nom de la propriété. »

Lorsque Platon s'exprimait ainsi, il mesurait la témérité de ses paroles à l'intelligence de ses lecteurs : il savait qu'à son œuvre on n'attacherait guère qu'une valeur d'antithèse. Plus tard, au berceau du christianisme, l'Eglise eut à combattre des chimères plus dangereuses. Les Millénaires annonçaient aux peuples l'avènement du *gouvernement temporel* de Jésus-Christ. A les en croire, la fraternité évangélique allait régner par toute la terre ; plus de division entre les hommes, plus de passions déchaînées, de jalousies, de haines, de désordres. Partout l'union et l'harmonie. Le monde physique lui-même serait transformé ; le ciel n'aurait plus d'intempéries, la mer n'aurait plus de tempêtes. Hélas ! depuis deux mille ans, voilà le rêve que prétendent réaliser les utopistes de tous pays. Rien ne saurait dégoûter certains hommes de cette poursuite tant de fois essayée et toujours reconnue vaine. Le moyen âge a fourmillé d'hérétiques qui, dans l'enivrement de leur orgueil, se sont crus appelés à établir le règne de Dieu sur la terre. Et pourtant notre siècle se figure bonnement avoir inventé la paix perpétuelle, la communauté des biens, la réhabilitation de la chair et autres folies qui ont troublé les cervelles au temps passé. On est frappé, en feuilletant l'histoire des hérésies, de la proche parenté qui existe entre quelques-unes d'entre elles et les théories de nos prétendus réformateurs modernes. Les bannières de nos socialistes ne sont en effet que de vieilles loques déployées jadis par je ne sais combien de sectaires presque oubliés aujourd'hui. Légitimité absolue des passions ; bonheur immense au prix de la destruction radicale de toutes les anciennes institutions sociales ; abolition du mariage, de la propriété, tout cela a été proclamé partout ; et, presque toujours, après avoir essayé vainement de faire triompher pacifiquement ces doctrines, on a voulu les imposer par le fer et par le feu.

Il y aurait un curieux travail à faire sur la filiation des théories socialistes. Mais qui aurait le courage de lire cela au milieu des préoccupations qui nous agitent ? Qu'il me soit permis seulement de rappeler un fait. Il y avait, en Bohême, au XII² siècle, une secte d'hérétiques appelés *Picards*, du nom de leur chef, lesquels ne se bornaient pas à prêcher la communauté des biens et des femmes, mais soutenaient, en outre, qu'un véritable homme libre *ne doit jamais porter aucun vêtement*. Ainsi, comme je vous le disais tout à l'heure, il n'y a plus d'originalité possible en fait de théories excentriques : *le sans-culottisme* de 93 n'était lui-même qu'un plagiat !

Les utopistes procèdent, en général, les uns des autres : la république de Platon est le point de départ de tous. Thomas Morus et Campanella, imités par une foule d'écrivains postérieurs, ne sont eux-mêmes que des copistes. Tout le monde sait que l'illustre chancelier d'Angleterre protestait contre l'application de ses idées et les déclarait irréalisables. Quant à Campanella, le Dominicain calabrais, prit-il au sérieux son utopie de la *Cité du Soleil ?* Rien n'autorise à le penser. C'est depuis le XVIII² siècle seulement que les imaginations, affranchies de tout frein religieux, mais sentant toutefois le besoin de remplir par des chimères la place vide laissée par la foi, prétendent réaliser, à jour donné, les rêveries les plus impossibles.

Comme la plupart de ces *républiques imaginaires* ne sont guère qu'une imitation délayée du livre de Campanella, vous me saurez gré, je n'en doute pas, de vous faire connaître en peu de mots la constitution de la Cité Solarienne.

Le souverain de ce peuple était un pontife dans le genre du *Père suprême* Saint-Simonien ; il était l'arbitre absolu du spirituel et du temporel ; toute cause devait être jugée par lui sans appel. Trois chefs inférieurs l'assistaient ; l'un de ces triumvirs, *le magistrat d'amour*, était chargé tout spécialement du soin de la génération. Il avait mission d'arranger les choses de manière à ce que *l'Etat* (ce *Dieu-monarque* de nos temps modernes) eût sous sa loi *la plus belle progéniture possible.* « Les habitants de cette heureuse cité, dit Campanella, se moquent de nous qui donnons tous nos soins à l'amélioration de la race canine, chevaline, et qui négligeons celle de notre espèce. »

(Ceci, mon cher ami, doit vous rappeler un *factum* de certain sous-préfet de Quimperlé, sous l'ancien gouvernement, *factum* dans lequel il sollicitait l'établissement d'une sorte de haras humain, en Bretagne, afin *d'améliorer la race armoricaine!* J'ai ouï dire, ces temps derniers, qu'une idée à peu près de ce genre fermentait dans le cerveau de l'un de nos représentants socialistes ; il en est bien capable!)

Chez les Solariens, l'âge auquel on pouvait *se livrer au travail de la génération* était fixé à dix-neuf ans pour les femmes, à vingt et un ans pour les hommes. La loi (qui réglait tout dans cet Eden peuplé d'esclaves!) reculait l'époque désignée, lorsque le médecin reconnaissait que tel ou tel sujet avait *un tempérament froid.* Mais, en revanche, il était permis à plusieurs de *se marier* [1], avant l'âge légal, à des femmes stériles ou enceintes. Des maîtres vieillards et des maîtresses matrones étaient chargés de régler toutes ces choses. Dans les jeux publics, hommes et femmes se montraient avec le costume des Lacédémoniens au gymnase, afin que les magistrats chargés *du croisement des races* pussent assortir convenablement les couples, *de visu.* Les femmes grandes et belles ne devaient être unies qu'à des hommes grands et forts ; celles qui avaient de l'embonpoint étaient destinées à des hommes secs, afin que de cette combinaison du gras et du maigre sortissent *des produits* bien constitués. La femme qui n'avait pas d'enfants passait à un autre mari ; reconnue stérile, *elle était déclarée commune.*

Comme les particuliers, dit Campanella, *engendrent* et *élèvent très-mal* leurs enfants, l'Etat *ne doit s'en remettre qu'à lui-même d'une affaire de cette importance.* (Vous voyez que la théorie de nos hommes d'Etat, défenseurs du monopole universitaire, diffère peu de celle des *communistes!*) Donc, à partir de l'âge de deux ans, l'enfant devait être confié à des maîtres ou à des maîtresses, selon son sexe. C'est aux magistrats seuls qu'il appartenait de décider de la vocation de ces enfants ; on envoyait à la charrue ceux dont l'intelligence était peu développée et l'esprit trop lourd (A chacun selon sa capacité).

[1] J'emploie un verbe pour un autre *moins honnête.*

Il n'y avait point d'oisifs chez les Solariens; ils ne croyaient pas s'abaisser en servant la communauté (comme les Saint-Simoniens à Ménilmontant), soit dans les cuisines, soit à table ou à l'infirmerie. Nul ne devait travailler *plus de quatre heures par jour* (le régime de nos ateliers nationaux est, dit-on, moins dur encore); le reste du temps était employé à étudier, à lire, à discuter, à écrire, à faire de la musique, etc.

Maisons, chambres, lits, tout, en un mot, était commun entre les Solariens. Les magistrats, tous les six mois, désignaient à chacun *le cercle*, la maison, la chambre qu'il devait occuper; chaque cercle avait ses cuisines, ses greniers, ses ustensiles (c'était, au point de vue de l'économie domestique, quelque chose d'analogue au phalanstère de Fourier et aux grands monastères d'autrefois); les repas se prenaient en commun; les Solariens en faisaient deux par jour, les enfants quatre; d'après l'avis du médecin, la composition de ces repas variait tous les jours : aujourd'hui c'était de la viande, le lendemain du poisson, le jour d'après des légumes. Les jeunes filles préparaient la nourriture et dressaient les tables, les jeunes garçons servaient les vieillards et se servaient entre eux.

Tout travail semblait *attrayant* aux Solariens comme aux habitants de la planète d'Herschell. Les Solariens ne devaient jamais être seuls, mais toujours réunis en *groupes* (comme dans *la Phalange*).

Grâce à leur vie réglée, à un exercice bien entendu et à quelques autres précautions hygiéniques, les Solariens n'avaient jamais ni goutte, ni rhumatisme, ni pleurésie, ni hydropisie, et ils vivaient d'ordinaire jusqu'à cent ans; quelques-uns allaient jusqu'à deux cents ans. (Fourier, s'il m'en souvient, ne prolonge pas notre vie au delà de cent quarante ans, en plein système d'harmonie.)

L'égoïsme était inconnu des Solariens. Ce vice, disaient-ils, ne règne que là où les hommes ont une maison, une femme et des enfants *en propre*. Donc, ajoutaient-ils, en détruisant la propriété, on détruit l'égoïsme, *qui n'a plus de but* (la richesse de nos héritiers !), *et il ne reste plus en nous que l'amour de la communauté.* (M. Cabet n'est pas plus *radical*.)

Telle est, en résumé, la théorie sociale de Campanella. C'est un mélange de rêveries renouvelées des Grecs et de prescriptions empruntées à la vie monastique.

Cette utopie a déteint, pour ainsi parler, sur toutes celles qui se sont produites dans les deux derniers siècles.

Un médecin d'Agen, Pechméja, dans son poëme en prose de Télèphe, célébra, l'un des premiers, au commencement du XVIIIe siècle, les avantages de la communauté des biens. Ce livre, bien vite oublié, eut, à

son origine, un immense succès. Vint ensuite celui de Morelly, l'auteur
du *Code de la nature*, lequel poussa la théorie à ses dernières conséquences. C'était l'époque où toutes les imaginations, ayant perdu de
vue les principes, faisaient des expériences et ne rêvaient que décou-
vertes. Morelly ouvrit la voie dans laquelle Babœuf devait le suivre un
peu plus tard. M. Cabet n'a rien écrit de plus anti-social ; on va en
juger :

« Tout individu convaincu d'avoir voulu introduire dans le pays *la
détestable propriété* sera enfermé, POUR TOUTE SA VIE, comme *un fou fu-
rieux* et comme un *ennemi de l'humanité*, dans une caverne bâtie *dans
le lieu des sépultures publiques;* son nom ne sera pas compris dans le dé-
nombrement des citoyens; sa famille en devra choisir un autre ! »

Assurément, les communistes les plus *avancés* d'aujourd'hui ne renie-
ront pas cet ancêtre.

Si la tentation vous vient, mon cher ami, de feuilleter l'ouvrage de
Morelly, vous serez certainement frappé d'un fait très-curieux, c'est
que, non-seulement le fond de ses idées, mais même la couleur de son
style semblent appartenir aux écrivains de la *démocratie socialiste* de
1848.

Même mépris des principes et des faits, même outrecuidance, même
boursouflure, même logique :

« Tout citoyen, devant être considéré *comme un homme public, a droit
d'être entretenu, occupé et sustenté* (sic) AUX DÉPENS DU PUBLIC. »

Vous le voyez, *le droit au travail* et les *ateliers nationaux* ne sont pas
une découverte d'hier !

Mais écoutez encore ceci :

« Aucun individu ne possédera rien en propre ; les citoyens échange-
ront seulement entre eux les fruits du travail, *dans la mesure de leurs
besoins.* »

Le président de la commission du Luxembourg n'aurait-il pas dû
faire voter une statue ou du moins frapper une médaille à l'auteur du
Code de la Nature?

Le livre entier de Morelly n'est qu'une satire des plus violentes contre tout ordre social et un *hosanna* enthousiaste au régime de bonheur
universel dont son système, dans sa pensée, devait bientôt doter
l'humanité. L'auteur établit, pour première base de sa doctrine,
que, jusqu'à lui, l'univers a été victime d'une erreur lamentable, erreur
partagée par les législateurs de tous les siècles. Partout on a cru que
les vices de la nature humaine, l'antagonisme des passions et des intérêts, exigeaient que, pour la conservation de l'ordre social, on établît
des lois coërcitives qui protégeassent le droit contre l'usurpation, la

propriété contre la violence. *Inde mali labes.* Tous les désordres, toutes les révolutions qui désolent les sociétés n'ont pas une autre source. L'homme, en effet, n'est réellement méchant que parce que les institutions humaines l'ont rendu tel. Tous les maux de la terre proviennent en très-grande partie de l'établissement du droit de propriété et de l'inégalité des conditions. Remédions à tout cela ; que *la communauté des biens soit donnée pour fondement à la société,* et l'ordre et l'harmonie s'établiront aussitôt ; et la terre deviendra un autre Eden ; et un bonheur immense, incomparable, remplira tous les cœurs !

La seule pensée de l'inénarrable félicité réservée aux générations futures jette l'écrivain dans une sorte d'extase ; son âme se fond dans cette contemplation. C'est absolument le rêve de ce fou qui croyait entendre, tous les jours, les concerts du paradis ! Inutile d'ajouter que, dans cette disposition d'esprit, aucun obstacle ne se présente à la pensée de l'utopiste pour la réalisation de son système. Rien ne lui paraît plus simple. Et comment en serait-il autrement ? De l'homme tel qu'il est sorti des mains de Dieu le philosophe a-t-il le moindre souci ? Non ; il ne s'occupe, comme tous ses devanciers et comme tous ses successeurs, que de l'homme imaginaire dont il a besoin pour *refaire* la société.

« L'homme, a dit l'un des plus illustres philosophes de ce temps-ci, l'homme vit-il aujourd'hui sous un autre ciel et sur une autre terre, avec une autre âme et un autre corps, avec une autre intelligence, d'autres passions et d'autres besoins, pour qu'il soit nécessaire de *créer* une autre société, et de tout bouleverser dans l'univers ? »

Mais les socialistes s'inquiètent bien des objections les plus sensées ! Est-ce que tous ne sont pas convaincus que la vérité leur a été comme directement révélée d'en haut, et que leur parole est l'évidence même ? Que leur opposez-vous ? le sens commun et la logique ? Mais songez donc que pas un de ces grands *révélateurs* n'aurait pu aller à la seconde page de son livre s'il s'était cru obligé, dès la première, de prouver ou le principe dont il part ou les faits qu'il suppose ! Leur méthode est infiniment plus facile et plus sûre : marcher toujours devant soi, comme si pas un obstacle ne pouvait se présenter ; considérer comme non-avenues trois ou quatre petites vérités éternelles ; laisser de côté trois ou quatre faits aussi certains que l'existence du monde ; mettre à la place trois ou quatre principes, trois ou quatre faits qu'on déclare évidents *sans la moindre preuve :* telle a été, dans tous les temps, la manière de procéder des utopistes.

« L'homme civilisé est un animal dépravé ; l'état social une violation des lois de la nature, » avait dit Rousseau. « Guerre à tout ordre social établi ! » tel a été le cri de tous les créateurs de *républiques parfaites.*

— Notre société est sans cœur, sans entrailles; elle envoie les jeunes gens au canon, les jeunes filles aux lupanares. Toute institution est viciée. L'adultère souille le mariage; la fraude déshonore le commerce et l'industrie; l'égoïsme nous dévore. Périsse donc la civilisation! Revenons au *code de la nature!* Autrefois, dans l'enfance des sociétés, la communauté des biens et des femmes régnait chez quelques peuplades nomades; hommes du progrès, rétrogradons jusque-là! Tout est perdu si nous oublions que les fruits sont à tous et la terre à personne! — Voilà ce que proclamaient les utopistes du XVIII° siècle; voilà ce qui s'écrit aujourd'hui dans les livres et dans les journaux; voilà les doctrines incendiaires qui se prêchent dans les clubs et sur la place publique. Tout le monde sait que Caïn tua son frère à une époque où aucune loi humaine n'avait encore été promulguée; les voyageurs nous ont suffisamment édifiés sur la beauté *de l'état de nature* chez les nations sauvages, dont les tribus s'exterminent quelquefois pour la possession d'une forêt, d'une montagne, d'une baie poissonneuse! Mais qu'importent les faits? Revenons au code de la nature! Plus de mariage, plus de famille, plus de propriété!

Les systèmes de ce genre abondent à cette heure. Tous s'accordent sur un point : l'avènement d'un régime de félicité jusqu'ici inconnu à la terre.

« L'âge d'or du genre humain n'est pas derrière nous, il est au-devant, » disait Saint-Simon..... « Possesseur du livre des destins, je viens, s'écrie Fourier, dissiper les ténèbres politiques et morales, et, sur les ruines des sciences incertaines, j'élève la théorie de l'harmonie universelle... C'EST A MOI SEUL que les générations présentes et futures devront l'initiative DE LEUR IMMENSE BONHEUR. »

Un bonheur immense assuré à chacun de nous, dans ce monde *où toute créature gémit*, comme parle saint Paul, voilà leur langage à tous! Saint-Simon, Fourier, Pierre Leroux, Cabet, Louis Blanc, tous se croient *possesseurs du livre des destins*. Encore quelques jours, disent-ils, et le vieux monde, à notre voix, changera tout-à-coup de face comme un théâtre change de décorations au coup de sifflet du machiniste. Les prophètes-révélateurs du socialisme, après avoir séjourné si longtemps au milieu des nuages, sur le Sinaï, vont enfin, à ce qu'ils annoncent, descendre de la montagne, les tables de la loi à la main! Le grand jour approche..... mais en attendant, mon cher ami, je vais vous donner l'avant-goût du bonheur qui nous attend tous, en vous faisant connaître les principales données des systèmes préconisés en France par tant d'illustres bienfaiteurs de l'humanité. Je suivrai l'ordre chronologique : Saint-Simon, Fourier, Owen et leur école, d'abord; ensuite

Pierre Leroux, Cabet, Louis Blanc et autres. Vous ferez votre choix :

Devine, si tu peux, et choisis, si tu l'oses!

Quant à moi, je vous l'avouerai, il me faudra du temps, beaucoup de temps, pour me décider, si toutefois je me décide! Le Bas-Breton n'ayant point été *modifié*, comme il le sera sans doute plus tard, *par le croisement des races*, le Bas-Breton, dis-je, est encore très-routinier; ce ne sera pas sans peine qu'on lui fera entrer dans la cervelle que ses ancêtres chrétiens étaient des imbéciles lorsqu'ils croyaient que la lutte contre les passions est le plus beau titre de l'homme, et que celui-ci n'a point été racheté par le Christ pour vivre à la manière des habitans de l'île de Circé !

Ailleurs, assure-t-on, le peuple se montre *plus intelligent*. Quelques milliers d'ouvriers des villes, instruits par Pierre Leroux, G. Sand et Cabet, se sont convertis à leurs doctrines communistes; la propagande continue, le nombre des adeptes s'accroît chaque jour. — Il se peut. Mais croit-on avoir pour soi les campagnes ? ce serait une grande illusion. Les campagnes ne seront point entamées; bien loin de là, ce sont elles qui délivreront la société de la nouvelle jacquerie qui la menace. M. de Cormenin, dans ses réflexions sur la centralisation, écrivait, il y a huit ou dix ans, les lignes que voici :

« Il y a une telle force dans la centralisation, que la classe des artisans sera maîtresse, quand elle le voudra, de la classe des agriculteurs, quoique la classe des agriculteurs soit cinq à six fois plus nombreuse que l'autre.

« Ainsi, les ouvriers de Lyon, de Nantes, de Bordeaux, de Marseille, de Rouen, de Lille, de Paris, n'auraient qu'à s'entendre, et ils imposeraient au reste de la France la forme de gouvernement *politique* qu'il leur plairait ; je ne dis pas *social, je ne vais pas jusque-là, et je crois même qu'alors commencerait une résistance insurmontable.* »

Or, ce que veulent établir aujourd'hui quelques hommes qui s'appuient sur un petit nombre d'ouvriers des villes, c'est précisément une *république socialiste*, telle que la comprenaient Morelly et Babœuf.

LA RÉSISTANCE SERA INSURMONTABLE.

M. de Cormenin l'a dit encore : « Les misères du prolétariat lépreux, suppurant, inabrité, affamé, agonisant, misères de villes! Le communisme, le socialisme, le saint-simonisme, l'owenisme et autres utopies, théories de villes. »

Voilà la vérité! les campagnes le savent; elles ont mesuré le danger qui les menace, et c'est ce qui explique le réveil de l'esprit des provinces et leur unanimité pour la défense de *la bonne république* contre les principes de la démagogie socialiste. Que cette dernière ne se fasse donc pas illusion , elle serait demain au pouvoir, les Cabet, les Blanqui, les Louis Blanc et les Pierre Leroux à sa tête, que la partie ne serait pas encore gagnée. Un témoin digne de foi me racontait, l'autre jour, que, naguère à Rouen, au milieu de l'émeute suscitée par les agents communistes envoyés de Paris, une troupe de paysans armés de leurs instruments de labour déboucha tout à coup sur l'une des places de la cité :

« Que venez-vous faire ici avec vos fourches? leur demanda assez ru-dement l'un des chefs des ouvriers révoltés.

— Nous venons remuer le fumier de Rouen, » répliqua un vigoureux campagnard.

Cette intrépide réponse est caractéristique; M. de Cormenin a dit vrai :

LA RÉSISTANCE DES CAMPAGNES SERA INSURMONTABLE !

II

Un homme d'infiniment d'esprit disait, il y a peu d'années, à l'Académie française que l'orgueil, un orgueil illimité , est le *droit divin* des réformateurs modernes, comme l'humilité était la vertu des premiers apôtres chrétiens. Cela est vrai. La France possède, à l'heure où nous écrivons ces lignes, une douzaine au moins de *rédempteurs sociaux* qui, presque tous les matins, font connaître à la France et au monde, *urbi et orbi*, quelque grande découverte par suite de laquelle l'univers doit passer, sans délai, de l'état affreux où il est plongé depuis cinq mille ans à un état de délices inénarrables.

Je vous ai promis dans ma dernière lettre, mon cher ami, une sorte de précis historique et critique de toutes ces belles théories fort habile-ment exploitées, depuis quelques mois, par des ambitieux de toutes couleurs. Je vais essayer de remplir ma promesse. Je me propose au-jourd'hui de vous entretenir de Saint-Simon, l'un des *Messies* les plus invoqués de nos jours, et qui a donné le branle, en quelque sorte, au mouvement socialiste révolutionnaire qui agite en ce moment la France.

Vous connaissez la biographie de Saint-Simon. Descendant de la célè-bre famille de ce nom, il eut, dès son enfance, la passion de la gloire. Soldat de Washington pendant la guerre de l'indépendance américaine, à peine eut-il déposé les armes, que son ardente imagination se mit à la poursuite de projets gigantesques. La Révolution française trouva Saint-

Simon en Espagne, où il était allé proposer un plan de canal qui devait établir une ligne navigable de Madrid à la mer. A son retour en France, il se jeta avec passion dans les entreprises financières. Associé à un Prussien, le comte de Roedern, il spécula sur la vente des biens nationaux, non dans le but de s'enrichir, assure-t-il, mais pour arriver « au sommet de la montagne aride et escarpée qui porte les autels de la gloire. » Toute entreprise, à cette époque, exposait à des dangers. Saint-Simon, dénoncé par quelque terroriste, fut emprisonné pendant quelque temps au Luxembourg. C'est là que son ancêtre Charlemagne lui apparut et que le grand *missionnaire armé* fit entendre au *missionnaire industriel* ces quelques mots, qu'il n'oublia jamais, comme on le pense bien :

« Mon fils, tes succès comme philosophe égaleront ceux que j'ai obtenus comme militaire et comme politique. »

A partir de ce jour, le philosophe carlovingien n'eut plus qu'une seule pensée : la réorganisation de la société. Il y procéda par une série de publications courtes et substantielles, qui résumaient ses idées sous des formes incisives et pittoresques. Le premier de ces opuscules, publié en 1802, porte le titre de *Lettres d'un habitant de Genève à ses contemporains.* Saint-Simon y partage l'humanité en trois classes : Les savants, auxquels doit appartenir le pouvoir spirituel; les propriétaires, auxquels revient le pouvoir temporel; enfin les non propriétaires, à qui appartient le droit de nommer aux fonctions de chefs de l'humanité.

Cette théorie, comme on voit, est fort peu originale ; aussi l'aurions-nous passée sous silence si elle n'était pas la contre-partie de la doctrine émise plus tard par les saint-simoniens, qui, comme vous le verrez plus loin, supprimaient complétement la propriété.

Il y a dans les *Lettres d'un habitant de Genève* plusieurs idées qui renferment en germe la théorie de Fourier. Ainsi l'auteur pose en principe l'identité des phénomènes physiques et des phénomènes moraux ; il annonce que sa conception est un pas vers la solution de ce problème tant cherché par les moralistes : *mettre un homme dans une position telle que son intérêt personnel et l'intérêt général se trouvent constamment dans la même direction*[1].

Saint-Simon eut une seconde apparition. Cette fois, ce n'est plus l'empereur Charlemagne, mais c'est Dieu lui-même qui vient conférer avec le philosophe et lui apprendre que le Pape cessera d'être le chef de la doctrine religieuse, que la terre deviendra un jour un paradis,

---

[1] On verra plus loin que c'est là précisément le problème que s'est posé Fourier. — Je dois déclarer ici qu'en ce qui concerne Saint-Simon et Fourier je me suis aidé de l'excellent travail de M. de Loménie dans sa *Galerie des Contemporains illustres.*

et que les vingt-et-un élus de l'humanité prendront le nom de *conseil de Newton*, etc., etc.

Le second ouvrage, publié en 1808 par Saint-Simon, fut suscité par un programme imposé à l'Institut par Napoléon. C'est dans ce livre que l'auteur employa, pour la première fois, la division de l'histoire en *époques critiques* et en *époques organiques*, division dont on a si étrangement abusé depuis pour se dispenser de l'étude des faits. La morale chrétienne y est acceptée; seulement à l'amour du prochain l'écrivain veut qu'on ajoute un principe qui lui semble découler d'un fait plus général. Ce principe est celui-ci : « L'homme doit travailler. » L'humanité, en effet, jouirait, dit Saint-Simon, de tout le bonheur auquel elle peut prétendre, s'il n'y avait pas d'*oisifs*.

L'oisiveté, voilà le fléau des sociétés, suivant Saint-Simon; mais il se garde cependant de supprimer les propriétaires. « Le législateur, dit-il, doit assurer *le libre exercice* de la propriété. — Le moraliste doit pousser l'opinion publique à punir le propriétaire oisif en le privant de toute considération. »

C'est en 1817 que Saint-Simon publia son grand ouvrage *de l'Industrie*, avec cette épigraphe : « Tout par l'industrie, tout pour elle. » L'auteur développe dans quatre volumes son système de gouvernement, qu'il nomme le système industriel, et qui n'a pas le moindre rapport avec la théocratie inventée plus tard par ses disciples :

« Selon moi, le but unique où doivent tendre toutes les pensées et tous les efforts, *c'est l'organisation la plus favorable à l'industrie*, à l'industrie entendue dans le sens le plus général, et qui embrasse tous les genres de travaux utiles, la théorie comme l'application, les travaux de l'esprit comme ceux de la main; l'organisation la plus favorable à l'industrie, c'est-à-dire un gouvernement où le pouvoir politique n'ait d'action et de force que ce qui est nécessaire pour empêcher que les travaux utiles ne soient troublés, un gouvernement où tout soit ordonné pour que les travailleurs, dont la réunion forme la société véritable, puissent échanger entre eux directement, *et avec une entière liberté*, les produits de leurs travaux divers... »

Ailleurs Saint-Simon s'exprime ainsi :

« Les gouvernements ne conduiront plus les hommes... Ils n'auront plus à leur disposition que peu de pouvoir et peu d'argent. »

Il faut reconnaître qu'il y a loin de ces doctrines vraiment libérales aux systèmes de théocratie et de dictature prêchés par les Pontifes saint-simoniens. Saint-Simon, c'est une justice qu'il faut lui rendre, avait un profond dégoût pour les détestables théories de *pouvoir fort* que nous ont léguées la République et l'Empire, et que s'ingénient à perpé-

tuer nos gouvernants, depuis un siècle, comme si tous les progrès de la
civilisation ne devaient avoir d'autre résultat, en définitive, que d'aug-
menter les attributions du pouvoir !

La plupart des opuscules publiés postérieurement par Saint-Simon se
terminent par des pétitions adressées à *Sa Majesté*, afin qu'elle se décide
à se séparer des légistes, des propriétaires oisifs et des militaires, pour
faire alliance avec les industriels. « Rien ne pourrait, disait l'auteur,
s'opposer à l'établissement de la monarchie industrielle, si, d'une part,
les industriels français, et de l'autre la maison de Bourbon, voulaient
constituer cette forme de gouvernement. »

En 1818 parut l'un des ouvrages les plus remarquables de Saint-Simon.
Nous voulons parler de ses *Vues sur la propriété et la législation*. Ce traité
a pour but de constituer industriellement la propriété territoriale.
« Obtenir une loi qui mette les industriels agricoles (fermiers et mé-
tayers), à l'égard de leurs bailleurs de fonds (propriétaires), dans la
même position que les industriels, fabricants et commerçants, envers
les personnes dont ils font valoir les capitaux : » tel était le moyen proposé par Saint-Simon. Dans ce système, les propriétaires non-cultiva-
teurs devenaient autant de commanditaires. Rien de plus ingénieux que
la plupart des aperçus contenus dans cet opuscule. C'est une mine à
laquelle ont puisé à pleines mains, et sans en souffler mot, une foule de
journalistes et de faiseurs de livres modernes.

Cependant, au milieu de tant de travaux, Saint-Simon était en proie à
la plus affreuse misère. Longtemps il supporta avec sérénité sa vie be-
soigneuse. «On me plaint, disait-il quelquefois, mais on ne se doute pas
des jouissances que j'éprouve ! » Toutefois, si vives que fussent les jouissances de l'écrivain-prophète, un jour, le 9 mars 1823, le découragement
s'empara de lui, et il se tira un coup de pistolet dans la tête. Echappé
comme par miracle à ce suicide et faisant un retour aux rêveries extati-
ques exposées dans son premier ouvrage, l'auteur, dont le cerveau
avait été fortement ébranlé, abandonna l'économie politique pour la
théologie, et il composa *Le nouveau Christianisme, dialogue entre un no-
vateur et un conservateur*. De tous les livres de Saint-Simon nul n'a été
plus vanté et nul ne le méritait moins. A l'exemple de tous les sectaires qui ont paru depuis Arius, l'écrivain s'efforce d'établir que la
profanation est flagrante dans l'Eglise, et il prétend démontrer que la
papauté, depuis le XV° siècle, s'est rendue coupable d'hérésie sous
quatre chefs principaux.

Le Christianisme ancien, suivant le philosophe, est une religion déso-
lante. En disant : *Rendez à César ce qui est à César*, elle partage l'humanité en deux classes inégales, elle répartit inégalement le bonheur

parmi les hommes. De là un déplorable contraste entre la vie idéale et la vie réelle des hommes; de là une opposition fatale entre le monde d'en deçà et la sphère d'au delà de la tombe, opposition que les immenses efforts de l'industrie moderne rendent plus frappante encore, et qui fait de la terre une vallée de larmes et de douleurs. Il faut donc reconnaître que le Christianisme a désormais accompli sa mission et doit céder la place à une autre puissance et à une sagesse nouvelle, capable de procurer aux hommes *un bonheur réel*, non pas seulement dans la vie future, comme le promet l'Evangile, mais dès cette vie, comme le réclame le cœur de l'homme.

Le protestantisme a accompli sa tâche purement négative en abolissant le Catholicisme et, partant, le Christianisme. Mais l'accomplissement de la partie positive, l'inauguration de l'âge d'or sur la terre, est réservée au saint-simonisme.

On a vu tout à l'heure le Pape mis en cause; Luther est, lui aussi, déclaré hérétique pour n'avoir pas, comme le voulait Jésus, organisé l'espèce humaine *dans l'intérêt de la classe la plus nombreuse et la plus pauvre*, pour n'avoir point appelé au secours de sa réforme les arts qui charment la vie, la poésie, la musique, la sculpture, etc.; enfin pour s'être privé de l'*illusion sensuelle*, de l'émotion scénique employée avec tant d'habileté par le catholicisme.

Telle est, en résumé, l'œuvre théologique de Saint-Simon. Il se posait en adversaire de l'*Eglise* romaine; il lui reprochait de n'avoir point modifié son dogme suivant les pays, suivant les peuples, suivant les âges. Mais il est probable que jamais l'orgueil ne lui était monté à la tête jusqu'à ce point de lui faire croire sérieusement qu'il fût réellement un messie!

Cette pensée extravagante ne vint que quelques années après la mort du maître à deux de ses disciples, MM. Olinde Rodrigues et Enfantin. Jusqu'à la fin de l'année de 1829, ces écrivains avaient suivi modestement la voie tracée primitivement par Saint-Simon; ils s'étaient bornés à faire de l'économie politique; mais le soleil de Juillet 1830 excita violemment leurs cerveaux exaltés. Une Eglise fut fondée; MM. Enfantin et Bazard se proclamèrent fondateurs de *la loi vivante*. « Jésus-Christ, dirent-ils, a *préparé* la fraternité universelle; à Saint-Simon la gloire de l'avoir *réalisée*. Le règne de César va finir. Voici venir une nouvelle église *vraiment universelle*, laquelle gouvernera désormais le temporel aussi bien que le spirituel, le for extérieur aussi bien que le for intérieur. *Tout bien sera à l'avenir bien d'Eglise;* toute profession sera une fonction religieuse. »

Comme dans *la Cité du soleil*, un pontife suprême gouvernera la société.

Cet homme, ce pontife, ce sera le plus *généralisateur* des êtres vivants ;
prêtre de la science, de l'amour et de l'industrie, il *reliera* socialement
les théoriciens et les praticiens. A lui la mission de régler l'échelle des
vocations et des aptitudes, la hiérarchie des capacités, le tarif des salai-
res ; à lui la charge de diriger tous les travaux et de faire converger au
même but toutes les volontés assouplies par l'amour !

« Mortifiez-vous ; abstenez-vous » avait dit le *vieux* Christianisme ;
« sanctifiez-vous dans le travail et dans le plaisir » dirent les *nouveaux*
apôtres.

On s'occupa sans désemparer d'organiser la réhabilitation de la chair ;
le *couple-prêtre* fut inventé. Ce nouveau pontificat composé, bien entendu, d'un homme et d'une femme, devait établir l'harmonie entre les
êtres doués d'*affections vives et passagères* et les êtres doués d'*affections
profondes et durables.* « Qu'elle sera belle, s'écriait *le père* Enfantin,
qu'elle sera belle la mission du prêtre social homme et femme !... Tantôt
il calmera les ardeurs inconsidérées de l'intelligence, ou modérera les
appétits déréglés des sens ; tantôt, au contraire, il réveillera l'intelligence apathique ou réchauffera les sens engourdis, car il devra connaître
tout le charme de la décence et de la *pudeur,* mais aussi toute la grâce
de l'abandon et de la volupté. »

Cette résurrection de l'*ancien droit du seigneur* au profit du père Enfantin, le pontife au regard fascinateur, porta un coup fatal à l'*Église*
saint-simonienne. Tout le monde repoussa avec indignation les doctrines immorales d'une secte dont les deux principaux chefs prétendaient,
l'un, homme marié, que, dans la famille, tout enfant doit connaître son
père ; tandis que l'autre, célibataire, soutenait que la femme seule doit
être appelée à s'expliquer sur cette grave question !

L'église saint-simonienne périt par le mépris et par le ridicule. Mais
quelques-unes de leurs doctrines, dégagées de tout fatras religieux et
métaphysique, pénétrèrent au sein des masses. Les chefs de l'école
saint-simonienne, profitant très-habilement de la commotion de Juillet,
avaient hardiment fait appel aux prolétaires en proclamant l'abolition
de l'héritage. En dépit de toutes leurs explications [1], il devint bientôt
évident pour tout homme sensé que leurs doctrines aboutissaient
à une véritable spoliation de la famille, et qu'ils frappaient la société
elle-même dans sa fortune, en étouffant chez l'homme le stimulant le

1. « .... Les saint-simoniens repoussent le système de la communauté des
biens ; car cette communauté serait une violation manifeste de la première des
lois morales qu'ils ont *reçu la mission d'enseigner* (à chacun selon sa capacité, etc.).
Mais, en vertu de cette loi, ils demandent l'abolition de tous les priviléges de
naissance, sans exception, et, *par conséquent, la destruction de l'héritage,* le plus
grand de ces priviléges, etc. »

plus énergique du travail et de l'économie. Il se forma, en effet, dans les bas-fonds de la société une nouvelle école de *socialistes*, qui, marchant droit au but, firent appel à l'insurrection pour obtenir la réalisation de cette décevante promesse, que chacun, d'ailleurs, interprétait à sa guise :

« A chacun selon sa capacité ! à chaque capacité selon ses œuvres ! »

Chose bien étrange, mais que nous voyons se renouveler en 1848, quelques mois à peine s'étaient écoulés depuis la chute de la branche aînée des Bourbons expulsée au nom de la liberté violée, et déjà les doctrines d'un absolutisme tout oriental étaient accueillies avec faveur, comme le sont aujourd'hui certains systèmes communistes ! La théorie saint-simonienne était acceptée, sans hésitation, même par certains *libéraux*, ennemis implacables de la *tyrannie* de Charles X !

« Si vous obéissez, disaient les nouveaux apôtres, d'après le Deutéronome, vous aurez de la pluie au printemps, en automne du froment, de l'huile, du vin, du foin pour vos bêtes, afin que vous mangiez jusqu'à satiété. »

Et les prosélytes accouraient de tous côtés. Quelques personnes, moins enthousiastes, objectaient bien que nous sommes sortis des mains du Créateur avec une certaine individualité qu'aucun ordre civil ne peut et ne doit anéantir, et que l'histoire n'est qu'un grand théâtre où l'homme, à travers mille obstacles, ne cesse de combattre pour conquérir sa liberté toujours opprimée par toute espèce de despotismes. Mais on répondait à cela que, depuis des milliers d'années, le monde a été gouverné de telle sorte que son éducation est tout entière à refaire, et que c'est misère que de prendre souci de notre liberté. Un maître en haut, des serviteurs en bas ; la pitance assurée à tout le monde ; le travail, les besoins, les plaisirs, l'instruction, les récompenses, réglés, organisés par les chefs de la communauté ; tous les citoyens casernés comme les soldats d'un *régiment*, et se levant, marchant, s'arrêtant, sortant, rentrant, se couchant à un coup de baguette, n'est-ce pas là l'idéal d'un bon gouvernement ?

Il paraît que plusieurs l'ont cru, puisque, immédiatement après avoir défait les dernières barricades, une foule de citoyens, qu'on cite comme les plus vaillants défenseurs de la liberté, se sont allés ranger sous la bannière de la république socialiste, dont les chefs veulent que l'Etat, cette abstraction adorée par toutes les écoles politiques, depuis cinquante ans, nous distribue à tous la pâture *selon nos besoins*, ainsi que cela se pratique aux champs, où toute tête de bétail paît satisfaite dans le pré où on l'a parquée sans songer à en revendiquer la propriété, et où chaque mâle n'a pas la sottise de s'attribuer exclusivement une femelle, comme la chose a lieu en civilisation chrétienne !

Nos lecteurs n'ont pas oublié les troubles suscités à Lyon parmi les ouvriers par les prédicateurs saint-simoniens en 1831. Depuis cette époque, l'école, fermée par ordre de la police, n'avait plus donné signe de vie. Réfugié en Orient, le Père-Enfantin écrivait, du Caire, en 1835, les étranges paroles que voici :

« Moi seul je reste en dehors du monde, *ne pouvant m'imposer à lui sans qu'il m'appelle,* car je suis comme un homme marqué au fer chaud du bourreau : seulement ma marque n'est pas indélébile, mais je ne saurais l'effacer. Il faut bien un signe visible du monde invisible, un symbole de l'*avenir qui vient à la vie.* Mais je confesse *très-naïvement* que j'attends avec une immense impatience qu'on vienne frotter cette marque d'une main amie, et que le vieux monde ainsi s'efface. On me la conserve en la bénissant de son amour. »

J'ignore à quel signe M. Enfantin a reconnu que le vieux monde l'*appelait;* mais on a vu naguère le disciple de Saint-Simon, l'*ami de la paix,* faire alliance avec les Montagnards de Proudhon.

Est-ce donc que M. Enfantin voudrait encore soulever les *prolétaires* en prêchant l'*abolition de l'héritage?*

Ce serait là un rôle étrange, en nos jours de discordes civiles, pour un apôtre de la paix universelle !

Pauvre Saint-Simon ! qui lui eût dit que le dernier de ses disciples se ferait le complice de quelques démagogues-socialistes, poussant chaque jour au crime, dans l'aveuglement d'un orgueil effréné, de pauvres et crédules ouvriers alléchés par les promesses les plus mensongères !

III

Cinq ans après la publication du premier opuscule de Saint-Simon, paraissait à Lyon un ouvrage anonyme intitulé : *Théorie des quatre mouvements et des destinées générales.* Ce livre était l'œuvre d'un commis-marchand. Né à Besançon, en 1772, Charles Fourier, s'il faut en croire M. Victor Considérant, commença, dès l'âge de cinq ans, à mûrir dans sa tête le *plan de la grande révélation phalanstérienne.* Ce plan, ainsi médité par *un petit enfant,* ne tendait à rien moins qu'à changer la face du globe. De même que Newton a découvert les lois du *mouvement matériel,* ainsi Fourier, assure-t-on, a trouvé le secret du *mouvement universel.*

Malheureusement, en l'an de grâce 1808, tous les esprits étaient absorbés par *les extravagances de la gloire.* La France n'avait d'enthousiasme que pour les immortelles *tueries* que dirigeait le grand empereur. *La Théorie des quatre mouvements* ne trouva donc pas un seul lecteur, et personne ne se *prépara*, suivant la recommandation du sublime révélateur, « à l'avénement le plus étonnant, le plus fortuné, qui puisse avoir lieu sur le globe et dans tous les globes, c'est-à-dire *au passage subit du chaos social à l'harmonie universelle!* »

Un pareil dédain, même de la part des *stupides* civilisés, était fait pour causer un profond étonnement à l'écrivain-révélateur. Jamais, en effet, aucun auteur n'avait accumulé dans un livre plus de choses propres à exciter les imaginations. C'est dans *la Théorie des quatre mouvements* que Fourier raconte sérieusement « comment, aussitôt que le genre humain sera entré en harmonie, notre planète se mettra en rut, copulera avec elle-même, et engendrera la couronne boréale, qui produira sur tout le globe un printemps éternel; comment, au moyen de l'attraction passionnelle, les hommes obtiendront sans délai, *avec le bonheur*, un accroissement de taille de deux à trois pouces par génération, jusqu'à ce que la stature humaine ait atteint le terme moyen de quatre-vingt-quatre pouces ou sept pieds; comment chacun sera assuré de cent quarante-quatre ans d'existence; comment enfin, lorsque le globe sera organisé et porté au grand complet de trois milliards, il y aura *habituellement* sur la terre trente-sept millions de poëtes égaux à Homère, trente-sept millions de géomètres égaux à Newton, trente-sept millions de comédiens égaux à Mollère, *et ainsi de tous les talents imaginables!* »

De telles merveilles auraient dû remuer les esprits bien plus vivement que toutes celles dont on lisait le récit dans les bulletins napoléoniens. Mais les imaginations, comme nous le disions tout à l'heure, ne se préoccupaient alors que de batailles; tout le reste était dédaigné. Fourier en souffrit cruellement. Toutefois, persévérant comme le sont la plupart des rédempteurs sociaux, il ne perdit pas courage. Bien qu'à ses yeux Napoléon (il l'a avoué plus tard) ne fût *qu'un avorton en tout autre* EMPLOI QUE LA GUERRE, il rechercha son appui, et n'hésita pas à lui envoyer cette bouffée d'encens :

« Le nouvel Hercule a paru; ses immenses travaux font retentir son nom de l'un à l'autre pôle, et l'humanité, accoutumée par lui au spectacle des faits miraculeux, attend de lui quelque prodige *qui changera le sort du monde.....* Peuples, c'est lui qui doit élever l'humanité sur les ruines de la barbarie et de la civilisation! »

Mais Hercule, le front ceint des nouveaux lauriers qu'il venait de cueillir à Wagram, ne prit pas plus d'intérêt que le public à la découverte de l'harmonie universelle, ce qui amena Fourier à penser que les *civilisés* étaient encore plus *stupides* qu'il ne l'avait soupçonné tout d'abord.

Bien convaincu qu'il n'y avait rien à attendre de l'empereur, le Newton du socialisme se mit à élaborer de plus belle de nouveaux plans d'organisation sociale. Victoires éclatantes, lamentables désastres, rien ne le put distraire de ses travaux. Après Waterloo, le réformateur dédaigné salua avec espérance l'avénement de la maison de Bourbon. La Restauration était à ses yeux un juste châtiment infligé à l'*avorton impérial*, au contempteur du système phalanstérien.

Pendant toute la durée des règnes de Louis XVIII et de Charles X, Fourier consuma sa vie, on le peut dire, en démarches incessantes pour faire adopter son système. Gouvernement, grands seigneurs, bourgeois, prolétaires, artistes, littérateurs, tout le monde, à l'en croire, avait un intérêt capital à la réalisation de sa découverte sociale. A l'Etat, il offrait un moyen sûr « *d'absorber l'esprit de révolution engendré par le contrat social et autres billevesées philosophiques.* » A l'ancienne noblesse, il promettait un milliard d'indemnité; *aux classes inférieures*; richesse, vigueur, longévité, etc. Quant à la gent littéraire, artiste et scientifique (la plus pauvre de toutes; « car ne dit-on pas : gueux comme un peintre, déguenillé comme un poëte, sale et crotté comme un savant? »), quant à la gent intellectuelle, disons-nous, elle devait nager en pleine abondance. Et, en effet, chaque phalange votant seulement la bagatelle d'un demi-franc aux artistes, écrivains et savants, *une fortune de dix millions serait chez eux la chose la plus commune!*

De si magnifiques promesses devaient, dans la pensée de Fourier, mettre le feu à toutes les imaginations. Mais, s'apercevant que rien n'est si rétif au bonheur qu'un *civilisé* du XIXe siècle, Fourier résolut d'employer les grands moyens pour faire arriver à son escarcelle le million nécessaire à la fondation du canton d'épreuve et du phalanstère, d'où dépendait l'avénement de chaque globe à la destinée heureuse. « Je vais, s'écria-t-il, mettre en jeu un levier *si puissant sur l'esprit des ambitieux*, qu'ils oseront à peine y ajouter foi, tout en brûlant de voir le pronostic réalisé. Les cœurs glacials (*sic*) de nos politiques eux-mêmes vont palpiter *comme ceux des amoureux de quinze ans !* »

Et le grand magicien se mit à distribuer, à l'avance, aux coopérateurs du *canton d'essai*, une foule de *souverainetés d'harmonie*, dans les trois quarts du globe :

«2,985,984 places d'*unarques* ou *barons* régissant chacun une phalange; 995,328 places de *duarques* ou *vicomtes* gouvernant trois ou quatre phalanges; 248,832 places de *triarques* ou *comtes* régissant douze phalanges; 82,944 places de *tétrarques* ou *marquis* régissant quarante-huit phalanges ; 6,912 places d'*exarques* ou *caciques* régissant cinq cent soixante-seize phalanges ; 1,728 places d'*heptarques* ou *rois* régissant mille sept cent vingt-huit phalanges, etc., etc… Enfin une place d'*omniarque*, régissant la totalité des phalanges, c'est-à-dire deux millions neuf cent quatre-vingt-cinq mille neuf cent quatre-vingt-quatre phalanges ! »

Jamais carrière plus vaste n'avait été ouverte à l'ambition humaine. L'*omniarchat* lui-même, c'est-à-dire le *sceptre héréditaire d'unité univer-selle*, si digne de tenter les plus puissants monarques, pouvait devenir le lot d'un simple particulier ; « car quiconque aura été fondateur de fait, *chef notoire et pivot de l'entreprise d'épreuve*, sera promu, par acclama-tion, au rang d'omniarque du globe ! »

Toutefois, la France, cette terre de fonctionnaires, comme disait Wel-lington en 1815, la France ne se laissa pas tenter par cette immense curée de places. Le vent soufflait alors à la politique, non aux utopies socialistes. Foy, Manuel, Benjamin Constant, étaient les idoles de la foule. Fourier, qui professait un mépris profond pour tout le parti dit libéral et qui avait foi en l'avenir de la maison des Bourbons, se figura que le ministère Polignac, en butte à tant d'attaques, recourrait, de guerre lasse, à l'*attraction passionnelle*. Un *prospectus-sociétaire*, dans le-quel probablement l'*omniarchat* du globe était offert au roi Charles X, fut remis par l'auteur au baron Capelle. Mais la tempête de juillet éclata sur ces entrefaites et emporta les espérances du réformateur. Cepen-dant magicien, dit le proverbe, retombe toujours sur ses pieds. Fou-rier reprit donc espérance. « Maintenant, dit-il, j'aurai peut-être chance auprès des libéraux. » Et il se remit, comme devant, à faire luire scep-tres et millions aux yeux des misérables civilisés !

Malheureusement pour Fourier, des acteurs fort habiles s'étaient emparés de la scène. Les saint-simoniens donnaient des représentations à la salle Taitbout. Leur succès excita la bile de notre héros : « C'est chose pitoyable, écrivait-il à son *unique* disciple, M. Muiron, que leurs dogmes faits à coups de hache… on ne conçoit pas comment ces his-trions sacerdotaux peuvent se former une si nombreuse clientèle… C'est le ton de charlatans… Jamais je ne pourrai donner dans cette jonglerie… *je ne m'attache qu'aux raisonnements péremptoires.* »

Cependant Fourier, pressé par son disciple, s'était insinué dans la confrérie saint-simonienne ; mais il n'y put tenir longtemps. « Eux-mêmes, écrivait-il à M. Muiron, ne croient pas plus à Saint-Simon qu'à l'Alcoran ; si j'avais l'air de croire aux niaiseries de son système, ces messieurs diraient de moi : « Voilà un hypocrite qui veut nous em-paumer. »

Ce ne fut qu'après la débâcle saint-simonienne que Fourier ouvrit une école. Trois adeptes de talent, MM. Jules Lechevalier, Abel Transon et Victor Considérant vinrent lui offrir leur concours. Un journal fut fondé sous le titre de *Phalastère* ; et, peu de temps après, l'homme providentiel que le maître avait attendu vainement pendant tant d'années, M. Dulary le capitaliste, se présenta, se mit à la tête d'une société par actions pour la fondation d'un phalanstère, et on commença à Condé-sur-Vesgres des constructions et des labours. Mais, avant l'achèvement des édifices, l'entreprise avorta par des motifs que messieurs les fouriéristes n'ont pas jugé à propos de faire connaître. Cet échec amena la chute du nouveau journal. Ce fut pour Fourier le coup de la mort. Il mourut en 1837, après avoir touché, nouveau Moïse, aux frontières de la terre promise.

L'école phalanstérienne ressentit vivement la perte de son chef. On lui fit de magnifiques funérailles, et M. Considérant, aujourd'hui représentant du peuple, décerna à son maître le titre de Christophe Colomb du monde social, de RÉVÉLATEUR de la destinée universelle, ajoutant que le *Traité de l'Unité universelle*, l'œuvre capitale de Fourier, était un monument colossal *dépassant de mille coudées les travaux des génies les plus transcendants, et qui n'aura jamais de pareil sur la terre !*

Depuis que ce panégyrique a été prononcé, d'autres enthousiastes ont reproduit l'éloge sur tous les tons, tandis que des critiques éminents, entre autres M. de Lamennais, n'ont vu dans le demi-dieu qu'un rêveur extravagant et cynique.

Que doit-on penser de ces jugements opposés ? Est-ce le dithyrambe ou la critique qu'il faut adopter ?

L'exposition que vous allez lire vous permettra, mon cher ami, de vous prononcer en toute connaissance de cause.

Depuis cinq mille ans, s'il faut en croire Fourier, un malentendu existe entre Dieu et sa créature. Une impulsion contraire à l'impulsion divine a été donnée à l'humanité. L'homme aurait dû obéir au véritable instinct divin, c'est-à-dire à l'*attraction passionnelle* ; mais les codes de morale et de philosophie l'ont *dévoyé*. On a distingué en lui deux sortes de penchants, les uns bons, les autres mauvais ; l'éducation a eu pour but partout de développer les premiers, de comprimer les seconds. De là trois classes de *charlataneries* : superstition, politique, morale. Ces *fléaux*, à travers d'effroyables calamités, ont conduit le genre humain dans un chaos appelé civilisation où *neuf vices radicaux* exercent un empire absolu. La Providence, pour faire pièce aux théologiens, aux philosophes et aux moralistes, a permis que, sous l'empire de leurs doctrines, l'humanité se traînât pendant des siècles dans la boue et dans le sang [1]. Cependant Dieu

[1] Dieu, dit Fourier, ne devait au genre humain aucun autre acheminement so-

ayant suffisamment exercé son ironie sur notre globe [1], a bien voulu permettre que tous les Titans de l'intelligence humaine fussent confondus par *un sergent de boutique*, inventeur de la théorie du mouvement universel. A cet homme *presque illettré* est échue la mission de remplacer *la loi du devoir* (invention ridicule des moralistes) par *la divine loi de l'attrait*, laquelle est appelée à organiser un état social où chacun jouira *d'un bonheur absolu*, où toutes les attractions seront proportionnelles aux destinées, et où les trois règnes de la nature entreront en harmonie, en produisant des créations nouvelles adaptées à la nouvelle société.

Ainsi, pour Fourier, il ne s'agit pas d'améliorer les institutions sociales ; ce sont les bases mêmes de l'édifice qu'il faut reconstruire. La civilisation doit être radicalement anéantie pour faire place au régime d'harmonie. Rien de plus simple, au surplus, que cette opération. Vous prenez 1,620 personnes de tout âge, de tout sexe, de toute condition ; vous placez ces 1620 personnes sur une lieue carrée de terrain ; vous les associez par séries passionnelles contrastées et engrenées non-seulement en capital, travail et talent, mais en tous genres de relations : relation d'ambition, d'amitié, d'amour, etc. De l'application de ce système sort tout naturellement un ordre de choses où l'affranchissement absolu de toutes les passions s'allie à la plus grande régularité, l'unité absolue avec l'infinie variété, le dévouement avec l'égoïsme, etc.

Dans la phalange, chacun, pour coopérer au bonheur des autres, n'a qu'à se livrer avec ardeur à la satisfaction de toutes ses passions, quelles qu'elles soient. Ce que les civilisés appellent paradis n'est qu'un enfer auprès des délices du phalanstère. Aussi nul doute qu'à la vue des résultats merveilleux obtenus par les habitants du premier canton d'essai, la méthode sociétaire ne se propage *par explosion*, et que, en moins de six années, le globe entier, y compris les régions glaciales, ne soit couvert de 2,985,984 phalanges, renfermant une population d'environ 5 milliards d'individus, divisés par groupes de 810

cial que la création des peuples que j'ai déjà cités, des Grecs, pour élever la civilisation au luxe, aux sciences et aux arts, et des Otaïtiens pour nous indiquer *une issue de civilisation par la liberté des femmes*..... Il ne s'évertuait pas à nous tirer du bourbier civilisé, il nous y laissait languir sans pitié, et nous pouvions y rester bien des siècles encore *si mon invention ne fût venue au secours du genre humain*.

[1] « ... Ne faut-il pas qu'il y ait dans l'univers quelques globes ridicules comme le nôtre, pour servir à l'amusement de Dieu, comme il y a des bouffons à la cour pour amuser le roi ? »

C'est de cette façon bouffonne que Fourier explique le retard que Dieu a mis à l'application de l'attraction passionnelle, code par lui décrété de toute éternité.

caractères, et parmi lesquels régnera une si merveilleuse harmonie que pas une dissidence n'éclatera entre les populations, hommes et femmes, et que les petites *hordes elles-mêmes* [1], si indisciplinées en régime de civilisation, n'auront jamais la tentation d'échanger entre elles le moindre horion !

— Telle est, en résumé, mais sans y rien *ajouter* ni en rien retrancher, la théorie de Charles Fourier. Ce système, qui ne relève que de lui-même, n'aspire à rien moins, on a pu s'en convaincre, qu'à la transformation complète du monde moral, social et matériel. Toutefois, plus habiles que les saint-simoniens, dont les folles exagérations ont tant compromis la doctrine de leur maître, les fouriéristes s'efforcent de réduire aux proportions d'une doctrine de progrès un système qui en est la négation la plus absolue. A les en croire, le problème étudié par Fourier est avant tout un problème d'organisation industrielle; tout ce que l'auteur y a mêlé de cynique et de fantastique peut être écarté sans altérer en rien la valeur du système économique proprement dit. Les *Apôtres* qui ont mission de propager le fouriérisme parmi les ouvriers de Paris et de la province vont même beaucoup plus loin : ils n'hésitent pas à affirmer qu'on les calomnie lorsqu'on les accuse d'attaquer le catholicisme. « On prétend, disent-ils, que nous professons des principes contraires à la morale chrétienne ! rien de plus faux. Nous n'avons qu'un but : améliorer le sort des pauvres; or, quoi de plus évangélique ? — Quelques-uns affirment encore que nous voulons légitimer les sept péchés capitaux, dissoudre la famille et la propriété, établir une sorte de promiscuité, etc. — Mais ce sont là d'odieuses inventions. Régulariser le jeu des passions au lieu de les comprimer, sanctionner le droit de propriété en élargissant les bases sur lesquelles il repose, assurer la *pureté* et la *dignité* de la femme, voilà ce à quoi nous aspirons. »

[1] Rien de plus curieux que la thèse de Fourier sur les *travaux immondes* :

« On trouve, dit-il, parmi les enfants au-dessous de la puberté, environ deux tiers de garçons qui inclinent à la saleté et à l'impudence. Ils aiment à se vautrer dans la fange.... Longtemps je commis la faute de blâmer ce ridicule des enfants... C'était agir en vrai titan qui veut changer l'œuvre de Dieu. »

Ainsi donc, de neuf à quinze ans, les deux tiers des petits garçons et un tiers de petites filles s'enrôlent, *par attraction*, dans *les petites hordes*, corps qui se divise en trois bataillons :

Celui des *sacripans* et des *sacripanes*; celui des *chenapans* et des *chenapanes* ; celui des *garnements* et des *garnemenes*.

C'est dans cette tribu de petits *vidangeurs* que Fourier place les principales vertus.

C'est toujours la vieille histoire de la chauve-souris :

> Je suis oiseau, voyez mes ailes!
> Je suis souris, vivent les rats!

Les phalanstériens ont fait beaucoup de dupes à l'aide de cette *diplomatie*, et je sais d'honnêtes chrétiens qui croient très-fermement que M. Considérant et la plupart des gens d'esprit de son école ont tout à fait rompu avec la cosmogonie et la morale de leur maître. Mais cette croyance est tout simplement une niaiserie d'optimiste rêvant l'absorption du fouriérisme dans je ne sais quel néo-socialisme chrétien. Quiconque, mon cher ami, a lu Fourier avec quelque attention ne saurait avoir le moindre doute sur les deux points suivants :

1° La doctrine de Fourier ne saurait être scindée en deux parties. Tout le système de ce réformateur est dans sa théorie de l'*Attraction passionnelle*; sans l'attraction, il ne serait, même aux yeux de ses disciples, qu'un vulgaire organisateur de *casinos* et de grandes marmites sociales.

2° Le fouriérisme est la négation la plus complète qu'on puisse imaginer de toute morale et de tout christianisme.

Il me semble qu'il est important, par le temps qui court, de démontrer la vérité de ces deux propositions, en très-peu de pages que tout le monde puisse lire et comprendre sans fatigue.

Je vais donc essayer de remplir ce devoir.

I. La base du système de Fourier est sa théorie de l'attraction passionnelle. — « L'étude de l'attraction passionnelle conduit directement à la découverte du mécanisme sociétaire ; *mais si l'on veut étudier l'association avant l'attraction*, L'ON COURT RISQUE DE S'ÉGARER PENDANT DES SIÈCLES. »

Ainsi parlait le Maître ; et quoiqu'il ait consenti, de guerre lasse, à l'ajournement de certaines réformes relatives à la famille et *aux mœurs amoureuses*, de peur de heurter *l'hypocrisie des civilisés*, il n'attachait que peu d'importance au phalanstère *hongré*, pour parler son langage. « Le candidat de fondation pourra prendre, disait-il, un masque de mode, le masque de *philosophie perfectilisante*, et FEINDRE de négliger, *comme suspect et romanesque*, ce qui tient à *l'harmonie passionnelle des séries*, pour ne s'attacher qu'au matériel.... Mais, entre temps, *le bon apôtre fera ses dispositions pour mener de front l'essai du matériel et du passionnel*. »

Voilà la vérité ; et, dans toutes les circonstances de sa vie, Fourier a tenu le même langage. En effet, tout s'enchaîne dans le système de l'auteur. Pas de phalanstère sans l'attraction industrielle ; pas d'attraction industrielle sans *l'attraction passionnelle!* La phalange ne différerait en rien des autres associations connues si elle n'était pas le théâtre « où se manifeste l'art de développer et de mécaniser toutes les passions dans une réunion de 144 séries passionnelles modulant par les 810 caractères du clavier général. » Or, Fourier démontre avec une rigueur toute mathématique que l'association des hommes comme producteurs (c'est-à-dire en capital, travail et talent) se rattache intimement à une autre association plus vaste, qui *les relie* comme citoyens, comme époux, comme pères, comme fils ; et tous les rapports qu'il prétend établir entre eux sont presque de tous points diamétralement opposés aux principes de sociabilité en vigueur depuis le déluge [1]. L'un des disciples de l'école sociétaire, moins *politique* que ses confrères, n'a point hésité à le reconnaître :

« Il ne faut pas se tromper, dit-il, sur la nature des prétentions que nous avons en cherchant à fixer l'attention sur la théorie de Fourier. Ce n'est pas une règle de conduite pour l'individu *placé dans la société actuelle* que nous songeons à apporter aux hommes. Ce n'est pas d'approprier les hommes, leurs sentiments, leurs intérêts, *aux conditions sociales actuelles* que nous nous occupons ; tentative à peu près infructueuse... *Fourier a retourné le problème*. Négligeant l'action sur l'homme..., il la reporte tout entière *sur la forme sociale qu'il se propose d'adapter à la nature de l'homme*.... Je dirai presque, dans ma franchise : A quoi bon la vérité dans un ordre social réduit forcément à pratiquer le mensonge ? »

Cette déclaration de M. le docteur Pellarin est nette et catégorique. Comment se fait-il donc que chaque jour, dans les journaux, à la Chambre ou à la tribune des clubs, MM. les phalanstériens osent soutenir

---

[1] « Substituer à la famille, comme centre de production et de consommation, des réunions comprenant trois ou quatre cents familles associées en travaux de ménage, culture et fabrique, et se répartissant les bénéfices proportionnellement au concours de chaque membre de l'association en *capital*, en *travail*, en *talent* : voilà ce que Fourier propose... L'EXISTENCE DE LA FAMILLE COMME LIEN CIVIL, RELIGIEUX ET D'AFFECTION, NE REÇOIT D'AILLEURS AUCUNE ATTEINTE. »

En lisant ce programme composé par les disciples de Fourier, bien des gens se sont dit : Cela est très-praticable ! cela a même été pratiqué partiellement ! Mais alors, pourquoi affubler Fourier du titre ridicule de Christophe Colomb du monde social, de rédempteur, de révélateur ? C'est que le système de Fourier n'est pas aussi simple qu'on le veut faire croire ; car il n'implique rien moins que la conciliation de la communauté, de la propriété, de l'ordre, de l'inégalité, de la liberté, *et cela avec absence de toute idée d'un principe qui oblige*. On peut juger, d'après cela, si l'existence de la famille, *comme lien civil, religieux et d'affection*, ne doit recevoir AUCUNE ATTEINTE sous le régime phalanstérien !

que la doctrine de leur maître est compatible avec toutes les opinions politiques, avec tous les principes DE L'ORDRE SOCIAL ACTUEL?

Une pareille *plaisanterie* n'est-elle pas indigne d'hommes sérieux, et, si elle se prolongeait, les honnêtes gens ne seraient-ils pas en droit de leur appliquer ces paroles que Fourier écrivait contre les Saint-Simoniens : « C'est une chose pitoyable que leurs doctrines... C'est le ton des charlatans ; jamais je ne pourrais donner dans cette jonglerie? »

II. Le fouriérisme est une négation de toute morale et de tout christianisme. — Tout le monde reconnaîtra cette vérité lorsque nous aurons fait connaître certains principes du système phalanstérien. Mais, préalablement, nous voulons mettre notre loyauté à couvert, auprès de *MM. de la Démocratie pacifique,* en faisant connaître à nos lecteurs le système *d'apologie générale* que l'école sociétaire a cru devoir publier comme préface à la nouvelle édition de *la Théorie des quatre mouvements :*

— « On a prétendu que Fourier conseillait à l'homme de lâcher la bride à toutes ses passions : une pareille opinion serait digne de Charenton. Fourier a écrit seulement que la nature humaine n'était pas *fatalement* mauvaise, et que, dans le régime harmonien, les *passions natives* de l'homme pourraient produire le bien. Ce n'est point une immoralité de soutenir que, tous les efforts des moralistes pour *réprimer* et *supprimer* les passions ayant été vains, il est sage de chercher à régulariser et à *utiliser* socialement ces passions. Les théories des moralistes *ne sont que des méthodes* pour réaliser le bien social. Fourier a critiqué celles d'autrefois. Pourquoi lui en faire un crime? Quant aux *coutumes amoureuses* du maître, c'est encore là une *question de méthode.* Il s'agit tout simplement de savoir si la monogamie indissoluble (doctrine sur laquelle l'Eglise catholique n'a jamais varié !) est plus favorable aux bonnes mœurs que le système du changement et de la *pluralité des affections.* Au surplus, l'école de Fourier déclare formellement, avec son maître, qu'elle réserve absolument ces questions aux générations futures. On le voit donc, dans tous les ordres de relations sociales (celles d'amour exceptées), les fouriéristes appellent identiquement *bien* et *mal* ce que les chrétiens appellent *bien* et *mal.* »

La Démocratie pacifique va plus loin encore. Fourier, suivant elle, est le *continuateur* de Jésus-Christ ; il est à Jésus-Christ ce que Jésus était à Moïse. Le but de l'un et de l'autre est le même : unité universelle par l'amour, c'est-à-dire par l'*attraction.* Fourier est venu donner le *moyen* de réaliser la fraternité que Notre-Seigneur avait prêchée en vain. La mise en œuvre de cette grande découverte sera l'avénement du royaume de Dieu sur la terre, avénement appelé, désiré par le Christ dans sa prière : *adveniat regnum tuum !* —

Voilà sous quels sophismes se cachent les *renards de la Phalange.*
Pour se laisser prendre à des piéges aussi grossiers, il faudrait avoir oublié complétement ce que c'est que la morale, et surtout la morale chrétienne, ou bien il faudrait n'avoir pas lu sérieusement dix pages de Fourier.

Le phalanstère, qu'on le sache bien, n'est pas seulement une *école de mœurs libres.* Le fouriérisme est en contradiction avec le Christianisme, non pas seulement sur un *seul point,* comme on le prétend, mais sur tous les points, sans exception.

« Le vrai bonheur ne consiste qu'à satisfaire ses passions... Tous ces *caprices* philosophiques, appelés *devoirs,* n'ont aucun *rapport avec la nature ;* le devoir vient des hommes ; l'attraction vient de Dieu. *Il faut étudier l'attraction,* la nature seule, sans aucune acception du devoir. »

Vous pouvez juger, par ces citations, de la proche parenté qui existe entre la doctrine de Fourier et celle de saint Paul ! !

On vient de voir quel est le *but* de la doctrine phalanstérienne.

Deux mots maintenant sur ce que ces messieurs appellent les *moyens,* et puis nous conclurons.

S'il faut en croire Fourier, une seule loi régit tous les êtres, depuis les astres du firmament jusqu'à l'insecte : c'est la loi d'attraction. Planètes et animaux ont toujours accompli *avec plaisir* (l'auteur nous l'affirme) la fonction qui leur est propre. L'homme seul, depuis la création, a méconnu *la loi divine,* et voilà pourquoi l'infortune l'assiége. Le génie du grand Newton a découvert la loi qui *régit* les astres, la mécanique céleste ; Fourier nous a révélé, à son tour, la *mécanique passionnelle,* qui doit désormais régir le genre humain[1] !

Ainsi assimilation de l'homme à la brute, que dis-je ? à moins encore, à la nature inorganique, telle est la conséquence de la théorie de Fourier ! L'homme civilisé, dit-il, est réduit à envier le sort de la bête, *pour qui l'attraction change les travaux en plaisir.* Et, en effet, chaque animal n'accomplit-il pas toujours sa fonction *sans entrer en lutte avec lui-même ?* Ses attractions ne sont-elles pas toujours *proportionnelles*

[1] *Théorie des quatre mouvements ;* éd. 1840. V. les pages 18, 107, 123, 137, etc.

[2] On a fait observer aux fouriéristes qu'encore bien que Newton ait découvert le mouvement sidéral, il n'a jamais prétendu que les astres, avant lui, marchassent au rebours de leurs lois ; tandis que, d'après Fourier, Dieu avait permis à l'homme de méconnaître complétement sa destinée jusqu'à l'avénement de Fourier, c'est-à-dire pendant près de six mille ans. A cela les phalanstériens répondent, d'après leur maître, que Dieu nous avait donné la raison pour nous apprendre à découvrir l'attraction. Tant pis pour nous si nous avons *croupi si longtemps dans le bourbier civilisé !*

à *ses destinées?* Qui a jamais douté, je vous le demande, que l'âne portât avec volupté les fardeaux dont on l'accable, que le bœuf, que le cheval ne se trouvassent on ne peut plus heureux de traîner de lourdes charrettes dans nos chemins creux de Basse-Bretagne? Et la pauvre colombe, qui vient de quitter ses petits *nido implumes,* et sur laquelle se précipite un épervier, n'est-il pas aussi *dans ses attractions* de se laisser déchirer, *con amore,* par l'oiseau de proie?

Quant à la loi des astres, dont Fourier veut faire la règle unique du genre humain, il ne faut pas oublier que c'est là une loi de *statique* par laquelle les plus petits astres sont attirés par les plus gros. Cette loi, il est vrai, exerce son action sur l'homme, puisque la gravitation régit tous ses mouvements physiques. Mais jamais aucune religion, aucune philosophie, aucune morale n'avaient enseigné que la pesanteur qui fait tomber la pierre, que l'attraction qui précipite l'oiseau de proie sur la colombe était la loi même imposée à l'homme. L'homme, en tant que créature intelligente et libre, n'est pas soumis à la même loi que les êtres du règne minéral, végétal et animal. Il se distingue profondément de ces agents aveugles; il échappe aux conditions fatales de la matière. Sa loi, à lui, son intelligence et sa volonté l'acceptent librement : il peut résister à ses penchants ou s'y abandonner. Sans cela, en effet, à quoi lui servirait la conscience que Dieu lui a donnée?

Toutes les religions antiques ont vu dans l'homme un corps et un esprit. Le corps n'était pour elles qu'un instrument soumis à certaines conditions d'existence que la loi ne nie pas, mais qu'elle explique. C'est à l'esprit que *la loi* était proposée. Les fouriéristes ont changé tout cela : pour eux l'esprit n'est que le serviteur du corps *réhabilité.* Admirable découverte! Jusqu'ici les hommes avaient cru qu'il fallait manger pour se nourrir; erreur! il faut manger surtout pour procurer à son palais une sensation agréable !

— Mais, direz-vous, chez les animaux, où les instincts agissent seuls et fatalement, il n'y a jamais d'excès *d'aucun genre;* la nature a fixé chez eux une limite à la satisfaction nécessaire. Il en est autrement pour l'homme. Créature libre, il peut, au lieu d'accomplir *sa loi spirituelle,* se faire *un Dieu de ses sens,* et, mettant toute son intelligence au service des besoins animaux, se ravaler au niveau de la brute. — Ces observations sont on ne peut plus justes, mon cher ami; mais ne perdons pas de vue le principe de Fourier : « Le bonheur, sur lequel on a tant raisonné ou plutôt tant déraisonné, consiste à avoir beaucoup de passions et beaucoup de moyens de les satisfaire. » Or, vous concevez que sous l'empire de pareils principes il serait quelque peu puéril de mettre en avant notre titre de créature intelligente et libre. La liberté et l'intelligence sous une loi fatale de *statique !* Il y a contradiction monstrueuse dans les termes. Revenons donc à *l'attraction passionnelle.*

Fourier ramène toutes les attractions à douze passions radicales : cinq *sensitives,* qui tendent au plaisir des sens ; quatre *affectives* (ambition, amitié, amour, familisme) ; trois *distributives :* la *cabaliste*, passion de l'intrigue ; la *papillonne,* ou *alternante,* passion du changement ; la *composite,* entraînement de l'âme et des sens qui naît de l'assemblage de deux plaisirs.

Ces passions ont produit jusqu'ici des effets *subversifs* dans le monde, parce que l'ordre social, basé uniquement sur la famille, était morcelé, incohérent ; mais, lorsqu'elles se développeront *dans l'ordre combiné,* c'est-à-dire dans des phalanges organisées en *groupes* et en *séries,* tout aussitôt l'harmonie la plus merveilleuse s'établira. On le voit donc, dans le système de Fourier, il ne s'agit pas, comme le prétendent *habilement* ses disciples, de *diriger* et d'*utiliser* les passions ; il s'agit de leur ouvrir la carrière, afin qu'elles puissent suivre en pleine liberté leur direction naturelle. Tous les sophismes du monde ne donneront point le change à cet égard.

Or, étant bien établi que la thèse de Fourier est celle-ci : « Les effets subversifs des passions ne proviennent que des obstacles qu'on leur oppose, » il faut bien reconnaître que c'est par le but même qu'elle enseigne que l'école phalanstérienne est profondément immorale et dangereuse.

Les idées capitales sur lesquelles Fourier appuie sa théorie, savoir : l'identité des lois physiques et morales, l'oppression exercée sur l'homme par l'ordre social, l'excellence de la nature humaine, la souveraineté légitime des passions, sont, comme on a pu s'en convaincre [1], de vieilles idées qui ont défrayé tous les faiseurs de systèmes depuis deux mille ans. M. P. Leroux a très-bien démontré que Saint-Simon était l'inventeur de la théorie de l'unité de mouvement et de l'application de la loi d'attraction aux destinées humaines. Le même écrivain ajoute que Fourier a emprunté à Saint-Simon l'idée de la série, et au Supplément du voyage de Bougainville, par Diderot, l'idéal de sa société future. Mais il est un mérite qu'on ne saurait refuser à Charles Fourier, celui de la hardiesse. Le premier il a tiré loyalement toutes les conséquences de son principe.

Nous touchons ici à un sujet très-scabreux. Toutefois, force nous est bien de dire quelques mots des idées de Fourier « *sur l'organisation de la passion la plus rebelle au système des moralistes, l'amour.* »

----

[1] V. notre premier article (Morelly et autres).

Les fouriéristes, dans la préface citée plus haut, n'hésitent pas à déclarer que leur maître a travaillé à rendre à la femme sa *pureté* et sa *dignité*. D'autres, moins hardis, prétendent que Fourier n'a jamais attaché qu'une *importance secondaire à ses conjectures sur les mœurs amoureuses de l'avenir*. Le fouriérisme a, comme on voit, ses Bazard et ses Enfantin. Mais ni les uns ni les autres ne disent la vérité. Nos lecteurs pourront juger, en lisant la note placée au bas de cette page, de la manière dont Fourier comprenait la pureté et la dignité de la femme[1]. Quant à la prétendue indifférence du Newton de l'attraction passionnelle pour les mœurs amoureuses, elle est démentie à chaque page des ouvrages de l'auteur; il y revient sans cesse et à tout propos[2].

Qu'on se figure, s'il est possible, une société où l'homme n'aura d'autre but que de se créer beaucoup de passions et beaucoup de moyens de les satisfaire; où l'on réduira le nombre des habitants à six cents par lieue carrée, *afin que le reste puisse jouir plus grassement;* où chacun consommera par jour *une quantité de nourriture égale au douzième de son poids;* où le luxe de la table sera tel, que les repas des Apicius, comparés à ceux de l'ordre combiné, ne sembleront que des repas de goujats dépourvus de connaissances gastronomiques; où les moins favorisés des hommes et des femmes auront *des aventures galantes auprès desquelles les fredaines amoureuses d'un Richelieu ou d'une Ninon sembleront mesquines, pitoyables;* où les goûts les plus dépravés, tant en amour qu'en gourmandise, trouveront pleine satisfaction[2]! Quel sublime idéal de gouvernement, et que *la Démocratie pacifique* a bien raison de dire que

[1] « Une femme peut avoir à *la fois* : 1° Un époux dont elle a deux enfants; 2° un *géniteur*, dont elle n'a qu'un enfant; 3° un *favori*, qui a vécu avec elle et qui a conservé le titre; plus de *simples possesseurs* qui ne sont rien devant la loi. » (*Théorie des Quatre Mouvements*, édit. 1840, page 180.)

Ces paroles sont assez claires. Il y a cependant des écrivains phalanstériens, du sexe féminin, qui prétendent que Fourier a rendu à la femme sa *pureté* et sa *dignité*. Nous engageons ceux de nos lecteurs qui voudraient connaître à fond les idées de Fourier sur les *relations sexuelles* à lire ce qu'il a écrit sur la *phanérogamie*, dans *le Nouveau monde industriel*, 1829, p. 399-400, et sur l'*ultragamie* entre *femmes saphiennes* (*Traité d'association domestique agricole*, œuv. compl., t. IV, p. 367).

Rien au monde de plus infâme que la théorie de Fourier relative aux vilains goûts, et de plus hideux que l'assimilation qu'il ne craint pas de faire entre l'homme qui, en gourmandise, a le goût des jeunes poulets, et celui qui, en amour, recherche les petites filles de sept à huit ans.

M. de Sade, d'épouvantable mémoire, n'a rien écrit, probablement, de plus effroyable!

[2] « Certains avortons moraux ne manqueront pas de dire qu'il faudrait laisser de

l'organisation phalanstérienne *peut seule réaliser la fraternité prêchée en vain par le Christ !*

Combien doit être grand le désordre intellectuel et moral d'une époque où de telles monstruosités peuvent se produire au grand jour et en imposer même à des mathématiciens !

Mais ce ne sont pas seulement, mon cher ami, les voluptés du phalanstère que condamne la morale chrétienne. Tout l'enseignement des fouriéristes n'est qu'une abominable glorification de l'égoïsme et de toutes les passions animales de l'homme [1].

Messieurs du phalanstère, il est vrai, ont l'air de se soumettre, pour le présent, à nos institutions. Mais tous les jours ne prêchent-ils pas ouvertement que *nos devoirs* ne sont que d'absurdes inventions humaines d'où découlent tous les malheurs de l'humanité ? Or, de deux choses l'une : ou ils supposent que leurs auditeurs ont été taillés dans la pierre et ne s'émeuvent de rien ; ou bien ils croient au fond que ces êtres, malheureux pour la plupart, ne supporteront pas longtemps une civilisation qu'on leur dépeint sous de si effroyables couleurs. Dans le premier cas, il y a folie ! dans le second, crime ! Arrière donc, orgueilleux *rédempteurs*, qui promettez à tous le bonheur absolu sur la terre ! Ce sont ces fallacieuses promesses qui jettent tant de malheureux dans le crime ! L'homme n'a pas été placé sur ce globe pour satisfaire ses passions. Son

côté les relations d'amour, ne traiter que des dispositions qui pourront concourir à la satisfaction des pères, à la garantie de fidélité de leurs épouses et à la moralité de leurs enfants. Les bonnes gens ! ils ne voient pas que vouloir exclure l'amour d'un cadre d'harmonie passionnelle, c'est opérer comme celui qui voudrait apprendre l'arithmétique sans apprendre l'une des quatre règles cardinales nommée la division... Telle est ma réponse aux gloseurs qui, voulant façonner une théorie à leur petitesse, vous disent d'un ton d'Aristarque : Il faudrait laisser là ces billevesées et vous borner à parler des *relations d'agriculture et de commerce.* »

On voit que Fourier n'était pas à la hauteur de ses disciples en fait de diplomatie.

En parlant des rois, Fourier s'exprime ainsi :

« L'étiquette les harcèle sans cesse... Souvent leur caractère n'est pas compatible avec ces servitudes, et s'ils veulent en secret se donner, comme Louis XV, *quelques petits plaisirs*, tels que le sérail du Parc-aux-Cerfs, ils sont traités de monstres par la *théologie et la philosophie*. (*Du Libre arbitre*, œuv. compl., t. II, p. 67.) Les monstres, pour les phalanstériens, sont, au contraire, les moralistes qui blâment la conduite des Louis XV.

[1] L'égoïsme le plus hideux, celui qui croupit dans la matière, forme le principe et la fin de tout l'enseignement phalanstérien. Fourier s'adressait toujours à l'égoïsme de ceux auxquels il voulait faire accepter son système. (Voir le sommaire du *Traité de l'association domestique agricole*, t. II, p. 37).

but c'est l'accomplissement d'une œuvre morale, œuvre dont la réalisation doit être accompagnée de peines et de sacrifices.

Suivant la doctrine chrétienne, toute impulsion instinctive de notre corps doit être réglée par notre esprit, de manière à ne jamais dégénérer en passion. De là, sans doute, contrainte, révolte des sens ; mais c'est ce sacrifice qui fait la force et la grandeur de l'homme. Qu'il cesse d'exister, et les mots de vertu, d'honneur, de dévouement, n'ont plus de sens !

Donc, j'ai eu raison de dire que le fouriérisme est la négation la plus complète de toute morale et de tout Christianisme. J'ajouterai, en terminant, mon cher ami, que, tout en professant, comme leur maître, un souverain mépris pour les révolutions, les phalanstériens sont les plus grands et les plus dangereux révolutionnaires qui aient jamais paru, puisque, en dépit des professions de foi les plus *pacifiques*, ils sapent incessamment les trois grandes institutions restées debout parmi nous : LA RELIGION, LA FAMILLE, LA PROPRIÉTÉ.

<hr>

IV

J'espérais bien, mon cher ami, en avoir fini avec le fouriérisme ; mais les questions que vous m'adressez me forcent à descendre de nouveau dans l'arène.

Vous voulez d'abord que je vous explique pourquoi MM. les rédacteurs de la *Démocratie pacifique* se sont livrés contre moi à de tels accès de fureur. La chose est bien simple, mon bon ami. Vous saurez que ces honorables socialistes, qui, il y a une douzaine d'années, n'avaient pas assez d'injures contre la morale et contre le Christianisme, ont tout à coup complétement changé de tactique et de langage. Ils ne se bornent pas, aujourd'hui, à protester contre toutes les accusations d'immoralité portées contre Fourier ; ils déclarent hautement que leur doctrine est en parfaite harmonie avec le Christianisme, et il n'a pas dépendu d'eux que plusieurs des nôtres ne se laissassent prendre au piége de cette prétendue conversion.

Dans de pareilles conjonctures, mon article ne pouvait manquer de soulever une tempête. Blessé au vif, contrarié dans ses desseins, le journal phalanstérien s'est rué sur moi avec la furie du sanglier aux abois, et comme les bonnes raisons lui manquaient, il a épuisé tout un vocabulaire de gros mots à se venger de son impuissance.

Vous comprenez, mon cher ami, que je ne puis songer à faire assaut de pugilat avec de pareils adversaires. Leurs injures ne m'ont pas même effleuré, et le public n'y a vu, je le sais, qu'une manœuvre destinée à couvrir une retraite. Passons donc là-dessus. Mais, avant d'entrer en matière, il faut que je fasse justice d'une accusation qu'un homme d'honneur doit toujours repousser, d'où qu'elle vienne.

Vous savez qu'au lieu d'attaquer le fond de mon travail, qui renfermait pourtant de graves accusations, l'on s'est borné à ergoter, en six colonnes, sur une note de *six lignes* dans laquelle je faisais ressortir tout l'odieux d'une assimilation faite par Fourier entre l'homme qui, en gourmandise, a le goût des jeunes poulets, et celui qui, en amour, recherche les petites filles de sept à huit ans[1].

Sommé de produire mes preuves, j'ai d'abord cité quelques textes[2], et j'ai mis sous les yeux de mes adversaires le tableau suivant :

Transition postérieure.	Volailles faisandées,	— femmes septuagénaires.
————— ultérieure.	Volailles vieilles,	— femmes de 50 à 70 ans.
————— citérieure.	Volailles non faites,	— jeunes filles impubères.
————— antérieure.	Volailles trop jeunes,	— petites filles de 7 à 8 ans.

A cette vue, la colère de mes adversaires n'a plus connu de bornes, et ils n'ont pas craint de m'accuser de falsification, vieille coutume des Jésuites, comme chacun sait.

Le tableau qui précède faisait partie de mes nombreux extraits sur Fourier. Je ne doutais donc pas qu'il fût authentique ; mais je n'en trouvais dans Fourier que la première partie : *volailles faisandées,* etc.

[1] Voir le *Correspondant* du 16 juillet, p. 365, note 2.

[2] La *Démocratie pacifique* n'ayant pas jugé à propos d'insérer la première partie de ma lettre, j'invite les personnes qui voudraient juger par elles-mêmes de la théorie de Fourier sur la *liberté amoureuse* à lire, dans les *Œuvres complètes de Fourier*, les passages suivants, que je me propose de donner *in extenso* dans un *appendice :*

T. IV (3ᵉ vol. de l'*Unité universelle*), de la page 135 à 140 ; — même vol., p. 361, la théorie des moyens accords, dit Cardinaux, où, après avoir décrit l'accord phanérogame, ou *équilibre de contrebande amoureuse où tout le monde trouve son compte,* Fourier s'exprime ainsi (p. 363) :

« Ainsi finissent tous les quadrilles de tourtereaux et ces réunions de *société honnête* où il arrive qu'en dernière analyse *chacun des hommes a eu toutes les femmes et chaque femme a eu tous les hommes.* »

Mais si l'on veut se faire une idée des mœurs INFAMES rêvées par Fourier pour son lupanar-phalanstère, qu'on lise, p. 380 de ce même tome IV, la note C, intitulée *Préliminaires de sympathie omniphile.*

A la vue de ces turpitudes, le lecteur appréciera à leur juste valeur les incroyables dénégations de messieurs les phalanstériens.

Grande était ma perplexité lorsqu'un de mes amis est venu me donner le mot de l'énigme. Fourier n'a point réuni *les deux colonnes* dans un même tableau ; mais il a bien réellement établi l'analogie. C'est M. Louis Rousseau qui, dans des articles publiés par *l'Université catholique, en février et en mars* 1841, a fait le rapprochement. Partant, je n'ai rien fabriqué. — Mais, me direz-vous peut-être, il ne faut point faire usage de documents de seconde main. — En général, c'est vrai ; mais si, dans le temps, j'ai transcrit ce tableau, dont les éléments ne sauraient être contestés, c'est que je ne devais pas douter de son authenticité. Le tableau se trouve en effet dans les articles de M. Rousseau, articles vivement attaqués dans le numéro de *la Phalange* du 27 septembre 1840 [1]. Or, pas une observation n'a été faite au sujet de cette pièce ! Ce n'est pas tout : M. Considérant s'adresse à M. Bonnetty pour faire insérer dans son recueil une réponse à l'article de M. Rousseau. Cette demande est repoussée ; mais on autorise M. Considérant à relever toutes les erreurs qu'il aurait remarquées dans les citations. Eh bien, la proposition n'est point acceptée. Est-ce donc que ce qui était *vrai* en 1841 est devenu *faux* en 1848 ?

Au surplus M. Rousseau, *qui a bec et ongles* (les fouriéristes le savent mieux que personne), ne manquera pas d'intervenir dans ce débat. Voici ce qu'il écrivait, en 1841, au sujet des vieilles poules faisandées et des jeunes poulettes :

« Le lecteur se demandera pourquoi nous sommes revenus des mœurs phanérogames à la gastronomie. Nous allons le dire. ON N'A PAS OUBLIÉ QUE LA GAMME DES GOUTS EST IDENTIQUE EN GASTRONOMIE ET EN AMOUR ; ainsi, remontons cette gamme, *et mettons en regard des goûts gastronomiques les goûts amoureux correspondants :* »

   (Ici se trouve le tableau cité plus haut.)

M. Rousseau ajoutait ensuite : « ... passons *à la transition antérieure* qui s'applique, en gastronomie, *à celui qui aime les volailles trop jeunes,* et, en amour, A CELUI QUI DÉSIRE LES PETITES FILLES DE SEPT A HUIT ANS. Si ce n'est pas par *la violence* que ce dernier parvient à satisfaire sa passion, ce sera nécessairement par des moyens de corruption qui ne sont guère moins odieux. Et c'est Dieu, dites-vous, qui a fait naître en cet homme une passion si criminelle ! Et vous prétendez avoir mission de *l'utiliser* dans l'ordre social ! On ne réfute pas de pareilles doctrines, on les expose [2]. »

[1] Ou 1841. Je ne lis pas bien l'année.

[2] L. Rousseau, *Exposé analytique de la doctrine de Fourier,* appendice de la croisade au XIXe siècle, p. 447-448.

Les phalanstériens diront probablement que le *faussaire* c'est maintenant M. Louis Rousseau. Qu'ils le proclament donc hautement ! Nous leur garantissons que le gant sera relevé par notre vaillant compatriote.

Peut-être, suivant son usage, la *Démocratie pacifique* refusera-t-elle d'entrer en lice contre *ce nouveau Zoïle* atteint *de débilité d'esprit caractérisée*. S'il en était ainsi, l'auteur de la *croisade au XIX° siècle* ne manquerait pas sans doute de faire justice de ce prétendu dédain, en rappelant un fait qui caractérise *la diplomatie fouriériste : La Phalange*, (numéro cité plus haut), rendit compte, dans le temps, du travail critique de M. Rousseau dans un article dont voici le titre : *« Acceptation de la théorie sociétaire par l'Université catholique ! »* Il faut croire qu'on accordait quelque peu d'intelligence *au civilisé Bas-Breton*, puisqu'on tirait avantage, et avec une extrême exagération [1], *de l'adhésion de l'Université catholique.*

Mais en voilà beaucoup trop sur ce sujet. Je laisse de côté toute discussion personnelle, dont le public n'a souci, et je m'empresse, mon cher ami, de vous donner les renseignements que vous désirez :

1° Doit-on ajouter foi à l'assertion des nouveaux disciples de Fourier, qui affirment que les doctrines de leur maître se peuvent concilier avec toutes nos institutions religieuses et sociales ?

2° Que faut-il penser des variations de la *politique* phalanstérienne ?

Il y a assurément dans ces questions matière à une étude très-intéressante. Malheureusement l'espace me manque, et je ne pourrai qu'effleurer mon sujet en courant.

I

Les disciples de Fourier, dans la préface de ses *OEuvres complètes*, déclarent que leur maître n'a jamais eu la prétention d'apporter à l'humanité ni prescriptions, ni préceptes nouveaux, ni lévitique, ni table de commandements. « Fourier, disent-ils, s'est borné à inventer une *science nouvelle* ; il a demandé qu'on la vérifiât ; et voilà tout [2]. » Ainsi, Fourier, suivant ces messieurs, ne serait qu'un savant de génie, comme Copernic, Newton ou Galilée ! Il ne se serait jamais proposé qu'un but : *une grande réforme industrielle !*

Nous l'avons fait observer dans notre précédente lettre, les phalanstériens, quoiqu'ils ne cessent de déclamer contre la civilisation, ont compris, depuis quelques années, qu'ils se compromettaient en atta-

---

[1] M. L. Rousseau dut protester contre son prétendu enrôlement sous le drapeau fouriériste. (*Loc. cit.*, p. 422.)

[2] *OEuvres complètes de Fourier*, t. I, *Théorie des quatre mouvements*, préface des éditeurs, p. 7.

quant de front le dogme et la morale catholiques. Aujourd'hui donc ils font d'incroyables efforts pour prouver que leur doctrine n'est nullement hostile au Christianisme, et qu'ils sont les meilleurs chrétiens du monde. Vous avez pu, mon cher ami, vous faire une idée de la valeur de ces prétentions. Il est par conséquent inutile que je m'étende sur ce point. Toutefois, nous vivons à une époque où si grande est l'audace de certains hommes et si incroyable la crédulité de beaucoup d'autres, qu'il n'est peut-être pas tout à fait sans utilité de vous faire connaître le fonds des idées de Fourier sur la religion chrétienne et sur la morale qui en découle.

Dès 1808, Fourier rêvait l'établissement d'*une religion nouvelle*, et il regrettait que les francs-maçons et les théophilanthropes n'eussent pas tenté en 1795 *un grand coup* contre le catholicisme. Le moyen était bien simple : la nouvelle religion n'avait qu'à suivre une marche opposée à celle des religions austères. Au lieu de *diviniser* les privations, elle n'avait qu'à *diviniser les voluptés*. Grands seigneurs et bourgeois se seraient aussitôt jetés avec enthousiasme dans la secte, car *le culte des voluptés cadrait merveilleusement avec la philosophie de ce temps-là*. Pour peu qu'on eût laissé de côté les idées modérées *et employé l'excès, l'exagération,* LES MONSTRUOSITÉS, c'en était fait du catholicisme [1]. Telles étaient les préoc-

---

[1] Avant 89, les esprits étaient avides d'innovations, et une secte religieuse qui se serait élevée aurait eu en sa faveur plus de chances que n'en eurent Mahomet et Luther. Il eût fallu, pour convenir à l'esprit du siècle, une secte amie de la volupté. Les philosophes n'eurent aucune idée de cette fondation... Écrasés par la civilisation, les philosophes devaient attaquer la philosophie sur le point faible, sur la *servitude amoureuse* (c'est la pensée fixe de l'auteur!), et pour la détruire il fallait *créer un culte de l'amour, culte dont les philosophes se seraient établis les prêtres et les pontifes...* Le culte de la volupté aurait *cadré merveilleusement avec la philosophie moderne... L'appât des voluptés, joint à l'esprit de secte et de prosélytisme,* tel devait être le canevas de la nouvelle religion... Tandis que les philosophes se sont montrés si médiocres en faisant des *religions modérées,* un Arabe grossier, Mahomet, a fait une religion avec le plus grand succès, parce qu'il a été immodéré en tous sens, parce *qu'il n'a employé que l'excès, les exagérations et les* MONSTRUOSITÉS. Quel camouflet pour les amis de la modération! S'ils voulaient attaquer la religion catholique, il fallait lui en opposer une qui donnât dans les excès contraires. *Elle divinise les privations,* IL FALLAIT DIVINISER LES VOLUPTÉS. » (Fourier, *Théorie des quatre mouvements,* t. I, des *Œuvres complètes,* de la page 201 à la page 301.)

M. de Lomenie prétend, dans sa *Galerie des Contemporains illustres,* qu'en indiquant ce que les francs-maçons et les théophilanthropes auraient dû tenter contre le Catholicisme, Fourier décrit précisément en 1808 ce que M. Enfantin et ses compagnons tentèrent en 1830. Je ne saurais partager sur ce point l'opinion de l'in-

cupations de Fourier à son début dans la carrière. Plus tard, sa haine
contre le christianisme ne fit que s'accroître : elle éclate dans ses derniers écrits. Les blasphèmes qu'il y entasse rappellent parfois ceux de
l'athée Proudhon. Si Dieu n'avait point révélé à l'homme la loi du bonheur social, c'est-à-dire l'attraction passionnelle, *il faudrait maudire
Dieu.* De tout temps l'excès de nos malheurs sociaux a déconcerté *les
gens les plus religieux.* Prêtres et philosophes, dans tous les siècles, ont
dit au souverain maître : « Vous n'avez pourvu à rien ; vous nous laissez dans le malheur sans vous inquiéter de nous révéler un système
social qui nous mette à l'abri de l'indigence et des bouleversements. »
Donc *Dieu n'a pas fait son devoir,* de l'aveu du sacerdoce lui-même.
L'homme se voyant déçu dans ses calculs de bien social a eu *le droit* de
s'écrier : « Si c'est là le sort réservé au genre humain, il n'y a donc pas
de Dieu, de providence. — Et que nous parle-t-on des *cieux qui racon-
tent la gloire de Dieu!* Nos souffrances proclament bien mieux la ma-
lice ou l'impéritie de Dieu[1] !

Que nous sert ce vain étalage de puissance divine, ces astres qui bril-
lent au firmament? Nous demandons a Dieu le bien-être avant le spectacle[2]. Osons enfin aborder la question *des devoirs de Dieu.* S'il a des titres à la gloire, *laissons chanter sa gloire à ceux qui en profitent et qui ont
de bonnes rentes.* Quant à nous, habitants de ce globe, sur 800 millions
que nous sommes, il y en a au moins 750 millions qui n'ont pas du tout
à se louer de la justice de Dieu. Le roi David, couvert de tant de crimes,
peut bien à son aise chanter la gloire d'un Dieu qui lui fournit des hommes à massacrer, des provinces à gruger, des sérails et des flatteurs pour
louer ses cantates hyperboliques. De tels hommes peuvent louer *le Dieu
protecteur de leurs orgies.* Mais le grand nombre des civilisés a le droit
de répondre à David, en rétorquant son verset : « Les désordres de la
terre proclament l'insouciance de Dieu, *et les horreurs de la civilisation
attestent la nullité de sa providence[3] !* »

génieux écrivain; car si les saint-simoniens *divinisèrent la volupté,* ils se gardèrent
bien de recourir exclusivement aux *monstruosités,* etc. Comme leur maître, les
disciples de Saint-Simon tenaient compte du passé : ils n'effaçaient pas l'histoire.
Je verrais donc plutôt, dans les pages dont je viens de citer quelques lignes, un
programme de la théorie que Fourier aurait voulu voir mettre en pratique par
ses *précurseurs,* comme préparation au phalanstère.

[1] La Phalange, *Revue de la science sociale,* 16e année, t. V, numéro de mars 1847,
p. 107.

[2] *Ibid.,* p. 108.

[3] *Terræ enarrant incuriam Dei, et absentiam providentiæ ejus annuntiat civi-
lisatio.*

Après avoir proféré ces blasphèmes, Fourier ajoute ce qui suit : « Si tous ces

Que vous en semble, mon cher ami? Cet homme est-il tout simplement un savant de génie attendant qu'on *vérifie* sa découverte ? Et notez encore que je n'ai point cité de ses écrits les passages les plus violents. Permettez-moi d'analyser brièvement un article du grand homme, publié après sa mort sous ce titre : *Nos destinées après celle vie.*

Dire que Dieu veut que nous luttions contre nos passions pour obtenir le bonheur éternel, c'est dire qu'il doute de sa propre sagesse, qu'il veut se tenter lui-même, en essayant si la faible raison qui vient de nous balancera la force immense des passions qui viennent de lui. Pour motiver cette épreuve, les prêtres et les philosophes ont distingué les passions en bonnes et en mauvaises, et ils ont prétendu que le bonheur de l'autre vie appartiendrait à qui aurait fait le bien, le malheur à qui aurait fait le mal. Erreur ! *Dieu n'admet point ces distinctions de crime et de vertu.* La preuve qu'à ses yeux toutes passions sont bonnes, c'est qu'il a permis que tout acte jugé criminel par les hommes religieux fût admiré comme vertu ici ou là! Ainsi la pédérastie était en honneur parmi les Spartiates, la sodomie était *une spéculation politique* chez les Zaporaviens. Nous serions donc bien à plaindre si Dieu punissait ce que nous appelons crime ; car tous, de notre propre aveu, nous serions condamnés au feu éternel, ne fût-ce que pour larcins, *car les neuf dixièmes des civilisés sont des voleurs*[1], et nous devrions être condamnés *tous en masse,* POUR FAIT D'ASSASSINAT que le corps social exerce sur les indigents en leur interdisant la chasse, la pêche, le *larronage* et autres *droits de nature,* sans leur fournir de travail. « Voyez comme il est heureux pour vous, ajoute Fourier, que Dieu se rie de vos idées de crime et de vertu *comme des songes de malade!* S'il vous prenait au mot quand vous demandez la punition du crime, ne devrait-il pas créer 800 millions de monstres pour dévorer 800 millions de criminels qui couvrent le globe, et faire périr *l'infernale engeance des civilisés,* barbares et sauvages, par 800 millions de supplices différents[2] ! »

mondes que nous voyons graviter sont remplis de créatures aussi malheureuses que nous, le bel art de créer les mondes n'est donc que l'art de multiplier les malheureux? Et si parmi ces mondes il en est quelques-uns où règne le bonheur qui nous est refusé, nous ne devons à Dieu que des reproches pour nous avoir exceptés de ses faveurs. Bref, que les autres mondes soient heureux tandis que nous souffrons, ou bien qu'ils soient victimes des mêmes infortunes qui nous affligent, dans l'un ou l'autre cas notre globe ne doit à Dieu qu'un concert de malédictions. » (*Ibid.,* p. 198.)

[1] M. Proudhon fait des propriétaires des voleurs.

Fourier voit dans les civilisés, non-seulement des voleurs, mais encore des assassins.

[2] *Phalange,* n° cité plus haut, p. 210 et suiv.

Voilà ce qu'écrivait Fourier, non pas dans sa jeunesse, mais dans les derniers temps de sa vie. Et pourtant, s'il vous en souvient, mon cher ami, messieurs les phalanstériens ne craignent pas d'affirmer que les opinions de leur maître sont compatibles avec tous les dogmes religieux et avec TOUS LES PRINCIPES DE L'ORDRE SOCIAL ACTUEL[1] ! Il est fâcheux pour les fouriéristes qu'à une autre époque ils se soient crus autorisés à beaucoup moins de précautions oratoires. En 1845, par exemple, les rédacteurs de la *Démocratie pacifique* n'eussent assurément pas refusé d'insérer dans leurs colonnes quelques citations de Fourier, *parce qu'elles pouvaient blesser la morale publique*[2]. Alors on était *croyant* : on obéissait aux commandements de Fourier, qui proscrit absolument la morale subversive des civilisés ; on ne songeait pas à moraliser le phalanstère, ce qui équivaudrait à le détruire, et on écrivait intrépidement dans une préface des paroles comme celles-ci :

« Il ne s'agit pas de discuter si ce que Fourier propose est moral ou anti-moral ; il s'agit de savoir si ce qu'il propose *est vrai* ou *faux*. Si la théorie de Fourier est vraie, si dans le domaine social elle est conforme à la nature des choses, à *la loi de l'ordre universel*, et qu'en même temps *elle soit contraire à la morale, ce sera tant pis pour la morale, et il faudra bien que celle-ci s'arrange pour s'en accommoder*[3]. »

Quelle différence entre le fier langage de 1841 et les explications de 1848 ! Et pourtant, dans l'ordre politique, la transformation est bien plus complète encore, comme vous le verrez un peu plus loin ! Aussi à votre première question puis-je répondre, de la manière la plus catégorique : Rien de plus faux que de représenter Fourier comme un génie pacifiquement scientifique. L'inventeur de l'attraction passionnelle était, avant tout, un homme d'imagination, un enthousiaste excentrique, un démolisseur. Ce n'est point à la famille des Newton, des Copernic et des Galilée qu'il appartient. Malgré la forme mathématique

---

[1] Voir *le Correspondant* du 16 juillet, p. 360, note 1.

[2] Le rédacteur de *la Démocratie pacifique* a déclaré dans les bureaux de *l'Ère nouvelle* qu'il avait refusé l'insertion de la première partie de la lettre de M. de Courson, parce qu'elle renfermait des extraits de Fourier qu'il ne pouvait pas reproduire (Voir *l'Ère nouvelle*, n° du 29 juillet 1848).

Ce respect pour la morale publique est d'autant plus louable, qu'en 1835, M. Considérant la traitait plus que cavalièrement :

« Qui fera face à cette décomposition ?..... Ce ne sera pas la morale, avec ses prédications surannées et ridicules..., la morale, qui ne sait plus sur quelle base se poser, et qui, après trois mille ans, n'est arrivée qu'à faire ridiculiser et persécuter la vertu même ! »

(*Destinées sociales*, t. I, p. 128-120.)

[3] Œuvres complètes de Fourier, t. I, préface des éditeurs, p. vii *in fine*.

qu'il a affectée dans la plupart de ses ouvrages, Fourier descend en ligne directe des *millénaires*, qui, jusqu'à la fin du XVI° siècle, ont rêvé l'avénement *d'une nouvelle Jérusalem*. Sans aucun doute, le *sergent de boutique*, qui avait lu attentivement Saint-Simon, se préoccupait beaucoup de réformes industrielles ; mais pour lui il s'agissait bien moins du *bien-être* que du *bonheur absolu* de l'humanité. C'était une transfiguration et non une simple révolution qu'il poursuivait. Fourier, en dépit de l'*originalité foncière* que lui attribuent ses disciples, ne faisait guère que reproduire des idées vieilles comme le monde. Le nombre, on le peut dire, était son Dieu. Or, qui ignore que, d'après la croyance antique, les nombres devaient un jour déchirer le voile qui cachait à l'humanité les *divinités élémentaires ?*

Fourier n'ignorait pas les idées d'Orphée et de Pythagore sur les harmonies mondiales. Tout le système de l'auteur de la *Théorie des Quatre Mouvements* présente la symétrie d'un rythme symbolique. La forme de ce système, le principe du nombre placé à côté de Dieu et de la matière, tout prouve que le fouriérisme se fonde sur l'harmonie pythagorienne et sur les principes des mystagogies antiques. D'un autre côté, comme il avait dévoré une foule d'ouvrages du moyen âge sur les sciences occultes, sur la magie, l'astrologie, l'alchimie, Fourier rappelle d'une manière frappante les nécromants des romans de chevalerie. L'aimantation de l'univers, les amours des astres, les influences sidérales, etc., tout cela est emprunté des magiciens.

Le moyen âge, comme on sait, eut aussi ses rêveurs, ses *hérétiques*, qui, intervertissant les lois du christianisme, cherchaient à réaliser le ciel sur la terre [1]. Tandis que la philosophie chrétienne se développait avec saint Thomas d'Aquin, les physiciens cherchaient le secret de la transformation des métaux, des philtres qui enchaînent l'amour, etc. Roger Bacon lui-même s'égarait dans des folies de ce genre. La plupart de ces *voyants* promettaient à tous les hommes la richesse et la vertu adamitique, dès que la nature serait délivrée de l'enchantement dans lequel Satan l'avait enfermée. Tel était le naturalisme du moyen âge. Guillaume Postel voyait poindre l'aurore d'une nouvelle époque cosmogonique. Plus tard (1610) Robert Fludd annonçait à la suite de Paracelse, surnommé le *monarque des arcanes*, la transfiguration universelle.

Or, qu'on le sache bien, Fourier n'est que l'arrière-petit-fils de ces nécromants-alchimistes et de ces rêveurs thaumaturges. Le *grand art industriel* du phalanstère est fondé sur la *science magique* tout aussi bien que le *grand art* du moyen âge, lequel, lui aussi, avait

---

[1] Voir notre première lettre.

la prétention de tout réorganiser à l'aide des phénomènes de l'instinct, des fluides, des sympathies et de la musique, etc. Toutefois il y avait entre les anciens alchimistes et Fourier une différence capitale ; au moyen âge tous les *poursuivants du grand œuvre* admettaient plus ou moins la tradition chrétienne, tandis que Fourier, au contraire, rejette absolument la doctrine du Christ : la couronne d'épines est en effet l'antipode *du culte des voluptés*. C'est assez vous dire, mon cher ami, que s'il est au monde une *contre-vérité*, c'est la possibilité de concilier les doctrines de Fourier avec la religion, la morale et les principes de notre ordre social actuel. L'homme qui considérait la religion comme une *facétie indigne* ; qui reprochait à Jésus-Christ d'avoir *caché son jeu*, de crainte d'alarmer les maîtres du monde ; qui traduisait ces mots du Sauveur : *Frappez, et il vous sera ouvert*, de la façon suivante : « Cherchez l'industrie attrayante, et vous la trouverez ; » qui croyait que le bonheur n'existe que dans le règne animal, et qui faisait du monde purifié par le Christianisme un immense *Lupanar* [1], cet

---

[1] Si l'on en jugeait d'après les livres de Fourier, jeunes filles et vieilles femmes, jeunes hommes et vieillards ne vivraient en quelque sorte que pour la volupté. Voir dans *le Nouveau Monde industriel*, p. 200, l'histoire de Bastien et de Cléllanthe. — Les éditeurs des œuvres complètes de Fourier se sont crus obligés de faire quelques suppressions à ce roman illisible.

— Voyez aussi *Théorie des quatre mouvements*, t. I des œuvres complètes, p. 184 ; *Union des sexes en septième période,* — et même vol., p. 206, *Corporations amoureuses.*

Suivant Fourier (même volume p. 223), trois *accidents* ont contribué à enraciner chez les modernes l'esprit oppresseur des civilisés contre le sexe faible, *condamné au mariage :*

1° L'introduction de la maladie v...., *dont les dangers transforment la volupté en débauche* et militent pour restreindre la liberté des liaisons entre les sexes.

2° L'influence du Catholicisme, *dont les dogmes ennemis de la volupté la privent de toute influence sur le système social,* et ont ajouté *le renfort des préjugés religieux* à l'antique tyrannie conjugale.

3° La naissance du mahométisme, qui réfléchit *une fausse teinte de bonheur* sur la condition déplorable des femmes civilisées.

« Ces trois incidents, ajoute Fourier, *formaient un tissu de fatalités qui fermait plus que jamais la voie* à toute amélioration fondée sur le relâchement des *chaînes* imposées aux femmes, à moins que le hasard n'eût produit *quelque prince ennemi des préjugés* et assez pénétrant pour faire, sur une province, l'essai des dispositions amoureuses que j'ai indiquées. Cet acte de justice était le seul que la nature réclamait de notre raison, et c'est en punition de cette rébellion à ses vœux que nous sommes restés vingt-trois siècles de trop dans les ténèbres philosophiques et les horreurs civilisées » (t. I, œuv. comp., p. 223-224. — Voir aussi t. IV des

homme-là était et devait être le plus implacable adversaire de la religion et de la société chrétiennes[1].

II

J'arrive maintenant à votre seconde question : Que faut-il penser des
variations de la politique phalanstérienne ?

Il fut un temps, mon cher ami, où les phalanstériens, ne voyant,
comme leur maître, dans les civilisés que *des brutes à attractions faussées,*
ne s'occupaient guère que de la constitution du nouveau monde où
l'homme devait enfin jouir d'un bonheur complet. A cette époque on se
bornait à voyager dans les régions de la planète d'Herschell, régions ou-
vertes à nos explorations, grâce à la merveilleuse fondation *de la poste
aux lions*[2]. On eût rougi de se commettre dans l'arène politique avec
des juste-milieu, des catholiques, des républicains ou des légitimistes,
vil troupeau de civilisés livrés à Satan et coalisés pour la défense de
l'infâme civilisation. Le mépris de l'école sociétaire pour les *petits français*, « peuple vandale le plus mal gouverné de l'Europe, le plus dévoré
par les sangsues, le plus inepte en politique extérieure, le plus prodigue
du sang de ses soldats, le plus dupe en dénouements de guerre, en traités, en alliances, le plus favorable aux charlatans, le plus hostile envers
les inventeurs, etc; » ce mépris pour la nation française, dis-je, éclatait
dans chaque numéro de la *Revue phalanstérienne*. C'est en vain que

œuvres complètes, p. 360-361, note 1re, un passage relatif à l'amour chez les
vieillards).

Nous pourrions citer encore une foule de passages non moins caractéristiques;
mais notre cadre est restreint, et nous nous bornerons à indiquer dans le premier
volume, p. 236, un chapitre intitulé : *Politique de la gastronomie combinée*, où
Fourier déclare « *que la volupté est la seule arme dont Dieu puisse faire usage pour
nous maîtriser et nous amener à l'exécution de ses vues.* »

[1] La loi chrétienne nous dit à tous : *Père et mère honoreras*, etc. On trouve dans
Fourier, t. 1er des *Œuvres complètes*, p. 108, la contre-partie hideuse de ce comman-
dement divin. On y lit, entre autres énormités, que l'enfant, lorsqu'il arrive à l'âge
pubère, aperçoit les *motifs intéressés de l'amour de ses parents pour lui*. Dès lors,
cet enfant « ne peut se croire bien redevable envers son père et sa mère *pour leur
avoir procuré des plaisirs qu'il n'a point partagés... Il s'aperçoit qu'on l'a engendré
par amour du plaisir et non par amour de lui-même*. Bref... mille considérations
viennent dissiper le prestige et même ridiculiser *l'importance qu'on attache à la pa-
ternité*. »—Mais peu importe : Fourier n'en est pas moins le continuateur de Jésus-
Christ, et le fouriérisme est le rempart de la famille !

[2] V. t. IV des *Œuvres complètes*, p. 254 et suiv. — M. Considérant, *Destinées sociales*, t. I, p. 345, affirme que la cosmogonie insensée de Fourier est acceptée par
tous les *mathématiciens* qui l'ont approfondie.

quelques adeptes, moins *croyants* que le maître, proposaient d'agir avec plus d'habileté, et de se glisser, sous pavillon civilisé, dans les rangs des chefs de l'Etat ; rien ne faisait fléchir le Cambronne du Phalanstère. « Je ne ferai pas de basses conditions, s'écriait-il ; je cède quelque chose à la petitesse de mon siècle, mais rien de trop. Parlant à des pygmées, à des Lilliputiens, je veux bien me rabaisser à leur niveau, en admettant, s'ils l'exigent, que mes théories d'analogie et de cosmogonie soient de *jolis romans* ; mais je prends date, je fais acte de possession de ces *prétendus romans*, QUI SERONT BIENTÔT DE SUBLIMES VÉRITÉS..... Il en coûtera bien des efforts pour trouver après moi ce qu'on aurait pu obtenir de moi ! »

Peu de temps après, Fourier mourut ; il tomba comme la garde impériale à Waterloo, sans avoir songé un instant à reculer d'une ligne. Le dieu remonté au ciel [1], ses disciples déposèrent leur robe d'apôtre pour endosser le frac civilisé. Il fut convenu qu'on laisserait de côté les aurores boréales, les anti-baleines et même la théorie passionnelle, et que, appréciant à leur juste valeur les principes des civilisés (*ce ramassis de contradictions grecques, romaines, anglaises, américaines,* QUI CONDUISENT LES PEUPLES AU CARNAGE), on ne s'occuperait que *des intérêts du pays.* M. Considérant prit position entre les démocrates et les conservateurs.

Ennemis de tout mouvement, les phalanstériens se déchaînaient, dans leur feuille contre l'opposition de M. Thiers, lequel s'alliait, disait-on, aux démocrates, pour demander la réforme électorale, comme si cette réforme devait avoir pour résultat le bien-être du peuple et la multiplication des comestibles ! M. Lherminier, qui avait trouvé Fourier très-ridicule avec ses *économies de bouts de chandelles,* était lui aussi très-mal mené. « J'ai ouvert un professeur de *législation comparée* ; j'aurais pu prendre aussi bien un sujet d'une *autre espèce*,... le premier venu. Ici on ne peut les disséquer tous en détail. Attendez, nous aurons bientôt *un amphithéâtre.* Vous pourrez y voir, car il sera public. J'ai commencé par le plus huppé. Et d'ailleurs *ce sont toujours les mêmes denrées :* misères et palabres... N'est-ce pas aujourd'hui sur ces réformes électorales que roule toute leur artillerie ? N'est-ce pas dans cet arsenal que tous prennent leurs armes de guerre, depuis *le National* jusqu'à *la Gazette ?* Ne sont-ce pas des procédés de tactique qu'ils donnent toujours pour des principes d'avenir ? Ont-ils une autre science, *ces grands charlatans politiques ?*.... Mes dignes réformateurs des nations, nous verrons bien si *vos*

---

[1] « ..... Fourier..... Dieu d'un monde inconnu. » (*Œuvres complètes,* t. I, préface des éditeurs, p. III, lig. 16.)

drogues révolutionnaires valent les pommes de terre du phalanstère, comme ils disent. Ah! vous avez vos conclusions sur les *économies d'allumettes et de bouts de chandelles.* Eh bien! nous aussi nous avons nos conclusions quand nous voyons, d'une part, *un homme de génie à faire éclater le crâne de Newton* qui résout ce problème des destinées générales, et révèle à l'humanité SA LOI, tout en s'appuyant sur des calculs de pot-au-feu; et, d'autre part, d'*imprudents et plats sophistes* pleins d'orgueil et vides de mérite, embrouillant tout, confondant tout, bouleversant les nations et les conduisant à la misère et au carnage avec leurs ramassis de contradictions grecques, romaines, anglaises, américaines, avec leurs grandes théories gouvernementales creuses et sonores comme leur cerveau...

« Et c'est tout cela pourtant qui insulte aujourd'hui au génie et étouffe méchamment sa voix!...

« ... Aveugles qui conduisez des aveugles, votre place est aux incurables! On saura bien vous y loger. Nos rangs se forment, *voyez-vous!* nos cadres se remplissent de soldats qui ont du cœur, du sang dans les veines et *des bras nerveux;* et vous n'aurez pas beau jeu en rase campagne, *mes maîtres!* Venez donc essayer *vos sabres de bois contre nos haches d'acier! De par Dieu!* on saura bientôt, je vous le jure, si vos cuirasses sont à l'épreuve. Et malheur à vous si elles se brisent; car les haches seront bien trempées et les coups rudement assénés...

« Et, *je vous le dis,* si le bataillon de la jeune garde qui s'enrôle sous le drapeau de l'avenir a le mot d'ordre pour la paix, il a aussi son mot d'ordre de guerre; s'il se rallie à cette religieuse parole: *Association et harmonie,* il se rallie aussi à la voix qui crie: ÉCRASONS L'INFÂME! Le gant est par terre... on saura vous contraindre à le ramasser[1]. »

Assurément, au style près, qui est ici d'un mauvais goût et d'une vulgarité incomparables, la violente sortie qu'on vient de lire rappelle singulièrement, pour le fond des idées, quelqu'une des invectives de Fourier contre l'économie politique, la morale et la politique des civilisés. Et pourtant, peu de temps après, par une contradiction familière à la secte, la *Phalange* était transformée en feuille politique quotidienne, et la *Démocratie pacifique,* JOURNAL DES INTÉRÊTS DES GOUVERNEMENTS ET DES PEUPLES, plantait son drapeau au milieu de l'arène des vieux partis! Pourquoi non? Ne fallait-il pas ménager la lumière au faible entendement des civilisés, et préparer les voies à la véritable sagesse? On ajourna donc indéfiniment la *phanérogamie* et *l'ultragamie;* on ne négligea rien pour se rendre *possible.* Quoi qu'on eût démontré, croyait-on,

---

[1] Considérant, *Destinées sociales,* t. 1er, p. 438 et suiv.

la *nullité sociale de l'Évangile*, on se donna pour les réalisateurs de la pensée du Christ. De l'industrie attrayante plus un seul mot; l'association était seule préconisée. De jour en jour on se rapprochait davantage des *charlatans politiques*, qu'on s'était donné la mission, il est vrai, *de juger et de gouverner*. Enfin, après avoir louvoyé assez longtemps entre le parti du mouvement, représenté par M. Thiers, et celui de la résistance, dont M. Guizot était le chef, *la Démocratie pacifique* fit un mouvement de conversion vers les conservateurs, ce qui valut à son rédacteur en chef la faveur d'être présenté aux élections du Haut-Rhin comme candidat du gouvernement[1]. Le successeur de Fourier sollicitant les suffrages de quelques centaines de *privilégiés*, défenseurs de cette même *féodalité industrielle* qu'on poursuivait de si vives attaques! Oh! qu'elle n'eût pas été la douleur de Fourier à la vue d'une telle concession faite aux *poltrons scientifiques*, aux *pygmées*, aux *lilliputiens* de la civilisation! Mais le Rubicon était passé; César ne songea plus qu'à sa fortune.

« L'égoïsme devint le dieu de l'école, dit un écrivain universitaire; les mêmes actes, les mêmes hommes furent tour à tour bafoués ou applaudis, suivant la convenance de la secte. Aux éloges on répondit par la flatterie, à la critique par l'injure[2]. » Tandis que M. Thiers, dont on redoutait, dès ce temps-là, l'impitoyable bon sens, était attaqué avec acharnement comme le perturbateur de la paix européenne, et qu'on n'hésitait pas à faire peser sur lui la responsabilité du coup de pistolet de Darmès, M. de Lamartine,

[1] M. Considérant s'était montré, dans son livre des *Destinées sociales*, ennemi implacable des révolutionnaires du vieux temps. Après avoir raconté les crimes de *la Montagne*, l'écrivain phalanstérien s'écrie :

« Oh! pitié! pitié! car c'est sur les décombres *encore amoncelés sur nos villes*, car c'est sur ces cadavres que les vers n'ont pas achevé de ronger, car c'est en présence de ces mêmes signes des temps dont l'apparition a précédé ces épouvantables catastrophes, car c'est aujourd'hui enfin que des rhéteurs *viennent perfidement caresser les passions démocratiques* de la jeune génération par de *délirantes paroles*, et mentir effrontément au bon sens pour avoir occasion de *palabrer* et de *plaventrer* devant elle!

« Hola! vous qui parlez... *vous répondrez de vos paroles!* »

(Considérant, *Destinées sociales*, t. 1, p. 437-438.)

Voir page 122 du même volume le relevé des crimes de la politique révolutionnaire : « Trois millions de jeunes gens égorgés sur les champs de bataille, douze milliards pris à la noblesse et au clergé, *et grugés par la Révolution*, trente-cinq mille têtes coupées, l'Europe bouleversée de fond en comble, la France encore privée *de ses limites naturelles*, le pouvoir social sapé dans sa base, etc., etc. » — Comparez avec la *Démocratie pacifique* depuis le 28 février 1848.

[2] Voyez dans la *Revue des Deux Mondes* du 1er août 1845 un article de M. Ferrari sur les idées de l'école de Fourier depuis 1830.

M. de Gasparin, et quelques autres personnages politiques, étaient fêtés, congratulés. Pendant quelques semaines, on donna même à entendre que l'illustre poëte des *Méditations* était un néophyte de la doctrine. Certains romanciers n'étaient pas moins caressés. M. E. Sue et Mᵐᵉ Sand excitaient tout spécialement l'enthousiasme du cénacle. Persuadée que les romans socialistes de ces deux écrivains avaient *donné le coup de grâce* à la prétendue science politique des civilisés, science à demi-morte déjà sous les coups de la *Démocratie pacifique*, l'école se jeta à plein collier dans le socialisme, oubliant que ce n'est là, comme on l'a très-bien dit, *qu'un désespoir qui se formule dans les erreurs du communisme*. Le *Phalanstère*, le premier journal des fouriéristes, qui s'appela plus tard la *Réforme industrielle*, était écrit à un point de vue quasi-radical ; la *Phalange*, qui vint ensuite, appartenait au juste-milieu ; la *Démocratie pacifique* a été tour à tour conservatrice, socialiste et républicaine de diverses nuances. Ces trois phases sont assez curieuses. La première était celle de l'enthousiasme. On croyait marcher à la conquête du vieux monde : la civilisation devait périr d'un jour à l'autre. Pour *amorcer* le parti républicain, on adopta la formule saint-simonienne : « Réhabilitation des masses, en politique ; réhabilitation de la chair, en morale et en religion. » La seconde phase fut celle de l'*initiation politique* ; on étudia toutes les questions du jour : chemins de fer, caisses d'épargne, douanes, octrois, etc. On inventa la question du travail : « L'organisation du travail, la grande idée soulevée au commencement du siècle par Fourier, emporte, non-seulement ceux qui l'acceptent, mais encore ceux qui s'efforcent de lutter contre elle. » Dans le temps même où l'on préparait ainsi les catastrophes qui ont naguère ensanglanté notre pays, on n'en proclamait pas moins que, tout gouvernement étant une garantie d'ordre, tout gouvernement doit être défendu, *à priori*, par les honnêtes gens, par cela seul *qu'il est établi*. Faisait-on ressortir toutes ces contradictions ? on souriait de pitié ou bien on se perdait en des dissertations inintelligibles. La tactique ordinaire était celle-ci : attaquer les républicains avec les armes des absolutistes, les absolutistes avec celles des républicains, la concurrence avec les idées gouvernementales, les idées gouvernementales avec la concurrence, la communauté avec la théorie de la propriété, la famille avec les théories du communisme. Lorsqu'éclata la révolution du 24 Février, on était entré dans la troisième phase et l'on cinglait à pleines voiles dans les eaux de je ne sais quel radicalisme socialiste. On avait parfaitement compris que le vent portait à la côte et on s'était lesté de *drogues révolutionnaires*[1]. La Répu-

---

[1] V. plus haut les citations de M. Considérant.

blique proclamée, on se précipita au devant d'elle avec autant d'ardeur que les peuples les plus civilisés.

On eût dit que le grand jour prédit par Fourier était arrivé et que d'autres hommes de génie, *à faire éclater le crâne d'un Newton*, allaient nous guider dans la terre promise à l'humanité devenue phalanstérienne! Durant ces jours d'enthousiasme, je me plais à le reconnaître, la *Démocratie pacifique*, enrôlée sous la bannière de M. de Lamartine (autrefois rejeté pour avoir repoussé le symbole phalanstérien), la *Démocratie pacifique* fit afficher sur les murs de Paris un programme véritablement libéral. Mais bientôt ce programme fut expliqué, commenté, et peu à peu on en supprima la majeure partie. C'est que *de républicains du lendemain* qu'on était, on se voulait donner les airs de *républicains de la veille*. Comment en aurait-il été autrement? Un grand mouvement se préparait; la bourgeoisie était sérieusement menacée par un parti qui voulait constituer à son profit une sorte d'aristocratie dans les bas-fonds de la société. Devait-on se faire les Don Quichotte d'une cause quasi-perdue? Non, certes. Aussi s'empressa-t-on de hisser au haut de la tour la plus élevée du phalanstère le drapeau de la république *démocratique et sociale*. Au 15 mai, le nom de M. Considérant fut prononcé à l'Hôtel-de-Ville[1]. Ce jour-là devait éclairer le triomphe définitif du socialisme. Certes, il y aurait plus que de l'injustice à confondre le chef de l'Eglise phalanstérienne avec les hommes de la *république cramoisie*. Cependant, il ne faut pas oublier « qu'après avoir *enterré la politique* (croyaient-ils), les fouriéristes se sont vantés d'avoir frayé la route au parti social, et qu'ils prétendent même *avoir inventé la révolution*, la Convention, qui proclame *le droit de tous au travail*, Babœuf et Buonarotti,..... provoqué les coalitions d'ouvriers et *découvert les droits de l'homme*[2]. » C'est en 1845, qu'un écrivain *à opinion très-avancées* constatait ainsi les *prétentions* de l'école sociétaire. Depuis ce temps-là, on n'a point cessé de marcher dans la voie de la *politique civiliste*. Les terribles journées de juin ont pu seules modérer l'entraînement socialiste de la *Démocratie pacifique*. Son chef, pour apaiser les flots soulevés, a dû prononcer, en manière de *quos ego*, un sermon fort habilement composé à l'intention de ses adversaires et de *ses amis*. A l'heure où nous écrivons ces lignes, le journal phalanstérien a repris ses anciens cantonnements; il occupe une position intermédiaire entre les hommes d'ordre et les co-

---

[1] M. Considérant, je m'empresse de le constater, a protesté énergiquement contre l'inscription de son nom sur la liste des ministres de la République socialiste.

[2] Ferrari, article cité plus haut.

ryphées du socialisme démocratique. On ne voudrait pas maintenant être confondu avec ces derniers, et, pour cela, on s'efforce de définir et de rendre tout à fait innocente son utopie *socialiste*. Proudhon, qu'on avait ménagé pendant quelque temps, (il avait encore son journal), est à présent fustigé d'importance, et l'on paraît tout disposé *à crier haro sur ce pelé, sur ce galeux, d'où provient tout le mal.*

« Je n'accepte la théorie de Fourier que sous bénéfice d'inventaire et avec la sanction de l'expérience, » disait le pontife phalanstérien à ses électeurs, il y a quelques années.

Aujourd'hui on tient le même langage par rapport au socialisme. S'écartant de plus en plus des idées de Fourier, [1] on s'élève énergique-

[1] Personne n'avait pour les idées libérales et démocratiques un mépris plus profond que Fourier.

Dans son avant-propos au *Traité de l'association agricole*, édition de 1822, p. 20, Fourier s'exprime ainsi : « Il eût fallu absorber l'esprit révolutionnaire dans des intérêts assez puissants pour faire tomber dans le mépris les *chimères* démocratiques. »

Dans le même ouvrage, t. I, p. 448, éd. 1822, on lit ce qui suit : « Est-ce bien par la liberté qu'on peut conduire les civilisés à la sagesse? Non. *Il faut les y contraindre.* Lorsqu'on força l'adoption des jantes larges, tous les voituriers jetèrent les hauts cris. Deux ans plus tard, les mêmes hommes vantaient l'opération. Tel est le civilisé.... *Il faut, pour son propre bien, employer avec lui la contrainte.* Il n'use de la liberté que pour se porter au mal, contrarier toute réforme utile et se faire l'instrument des agitateurs. Il n'est pas plus fait pour la liberté que les Barbares, si bien dépeints par l'auteur de *Mahomet* dans ce vers sur l'Arabie :

Et pour la rendre heureuse, il la faut asservir.

« La France est le pays le moins fait pour la liberté politique. »

Dans la *Théorie de l'unité universelle*, t. III, des œuvres complètes (2e de l'ouvrage), p. 159, Fourier s'exprime ainsi sur l'*égalité* et la *fraternité* : « Le sauvage exerce sept droits : *chasse, pêche, cueillette, pâture, vol extérieur, ligue fédérale, insouciance....* »

« Les philosophes ont senti qu'il faudrait à l'homme une indemnité des sept *droits naturels* dont elle se compose; eh! que lui ont-ils promis? *Deux chimères antipathiques avec la liberté :* CE SONT L'ÉGALITÉ ET LA FRATERNITÉ, admissibles chez les sauvages, mais non chez les nations civilisées. Aussi quel résultat obtient-on parmi nous de *ce monstrueux amalgame!* Une fraternité dont les coryphées s'envoient tour à tour à l'échafaud; une égalité où le peuple, qu'on décore du nom de souverain...., est traîné à la boucherie, la chaîne au cou..... Rien de moins *fraternel* et de moins *égal* que les groupes d'une série passionnelle. Pour la bien équilibrer, il faut qu'elle rassemble et associe les extrêmes, les fortunes, les lumières, les caractères, etc.... Or, cet amalgame n'est rien moins que l'égalité.

« Une autre condition est qu... les groupes de la série soient en rivalité inconciliable; qu'ils se critiquent sans pitié sur les moindres détails de leur industrie; que

ment « contre l'orgueilleux paradoxe qui prétend faire *table rase du passé et rompre avec toutes les traditions de l'humanité* [1]. » C'est bien ; mais que les *civilisés* ne l'oublient pas : quand on a pour Evangile une doctrine qui n'est que la glorification de l'égoïsme et la déification des passions sensuelles, rien de plus simple que, au fond, on méprise toutes les *denrées* civilisées, y compris la fidélité aux principes et les devoirs envers la société, etc. ; rien de plus simple que, pour arriver au but, quel qu'il soit, auquel on veut atteindre, on fasse bon marché de toutes les conventions, de toutes les croyances d'une société que Dieu, au dire de Fourier, *a livrée à Satan*, et qui doit faire place un jour à un ordre de choses où l'homme trouvera pleine satisfaction à tous ses désirs. Aussi, nous, chrétiens, qui restons attachés avec une foi inébranlable à la loi morale où nous avons la certitude que réside le salut du présent et celui de l'avenir, gardons-nous de nous laisser surprendre au piége de toutes ces protestations qu'emporteront les premiers souffles de la prochaine bourrasque révolutionnaire [2].

Le fouriérisme, qu'on le sache bien, a cessé d'être une *école ;* « il ne vit plus que comme une fraction *excentrique* du parti radical et socialiste, dont il usurpe les tendances et dont il revendique les succès [3]. » C'est dire qu'il y aurait folie à prendre pour argent comptant les déclarations *pacifiques* [4], *morales* et *religieuses* de la feuille phalanstérienne. Te-

leurs prétentions soient incompatibles et partout distinctes, sans la *moindre fraternité.... un tel régime sera aussi loin de la fraternité que de l'égalité.* »

Cela est incontestable, et les fouriéristes le reconnaissaient en 1835. Mais aujourd'hui nul ne crie plus fort qu'eux :

LIBERTÉ! ÉGALITÉ! FRATERNITÉ!

C'est toujours, comme l'a très-spirituellement dit M. de Loménie, *le perfectionnement de l'histoire de la chauve-souris :*

> Je suis oiseau, voyez mes ailes !
> Je suis souris, vivent les rats !

[1] Voir *la Démocratie pacifique* du mercredi 2 août 1848.

[2] J'ai usé consciencieusement dans cet article du droit qui appartient à tout écrivain de juger une *secte* et un *parti*. Le caractère honorable de MM. les phalanstériens dans la vie privée (je citerai en première ligne M. Laverdant) n'infirme nullement les critiques que j'adresse aux doctrines et à la *corporation ;* critiques qui partent aujourd'hui de tous les points de la France, et auxquelles je n'ai pas donné, on le reconnaîtra, la forme grossière et insultante dont on a usé envers moi.

[3] Ferrari, article déjà cité.

[4] Convaincue que, après la levée de boucliers de juin, le socialisme périrait infailliblement si la paix était maintenue, la *Démocratie pacifique* pousse le pays à la guerre depuis quelque temps. Elle n'ignore pas que le lendemain où une armée

nons-nous donc sur nos gardes. Les hommes les plus dangereux pour nous
ne sont pas les socialistes qui, comme M. Proudhon, arborent franchement leur drapeau. Les ennemis qu'il nous faut redouter par-dessus
tout, ce sont ceux qui changent perpétuellement de cocarde et qui ne
se rangent définitivement que sous des bannières triomphantes.

V

J'ai successivement passé en revue dans mes précédentes lettres les
théories des utopistes les plus célèbres, depuis Platon jusqu'à Charles
Fourier. Maintenant, mon cher ami, il me reste à vous parler du communisme, la grande hérésie des temps modernes, à laquelle viennent
aboutir toutes les autres. Mais, avant d'entrer en matière, laissez-moi
vous retracer, en quelques lignes, l'histoire de la *Communauté*, telle
qu'elle a existé chez les nations barbares de l'antiquité, et telle qu'elle
fut établie, en pleine civilisation, à Munster par des sectaires révoltés,
au Paraguay par la Compagnie de Jésus. *Principiis obsta*. Que l'expérience du passé éclaire toujours notre jugement sur les choses du
présent ! C'est pour ne pas suivre cette méthode, qu'aujourd'hui une
foule d'hommes distingués s'égarent en des voies qui les mènent aux
abîmes.

I

L'histoire nous révèle que, dans l'enfance des sociétés, avant que les
peuplades nomades ne fussent descendues de leurs chariots de voyage,
la terre était commune entre les hommes. Les femmes elles-mêmes,
prises et délaissées comme la terre, étaient soumises à ce dégradant
régime de la communauté. Ainsi, chez les Scythes, au témoignage de
Nicolas de Damas, les femmes et les biens étaient en commun [1]. Le
même usage était en vigueur chez les Bretons. Quant aux Germains, un
texte de César nous apprend que la propriété fixe et limitée, à la manière romaine, leur était tout à fait inconnue. C'étaient les magistrats
et les princes de la nation, dit le grand historien, qui, sur l'autre rive
du Rhin, assignaient chaque année aux familles et aux tribus la por-

française aurait franchi les Alpes, le socialisme vaincu dans la rue relèverait la
tête et *tenterait une revanche.*

[1] Prodrom. de la biblioth. grecque de Coraï, p. 271-273.

tion de terrain qu'elles devaient occuper dans telle ou telle localité. L'année suivante, ils les obligeaient à s'établir ailleurs [1].

Les mêmes faits se retrouvent, au même degré de culture morale, dans l'histoire de tous les autres peuples [2], et c'est ce qui explique les étranges systèmes de la république de Platon, souvenirs vivaces d'une époque toute barbare au sein d'une civilisation très-avancée.

Du second au cinquième siècle de l'ère chrétienne, une immense révolution s'est accomplie chez les Barbares vainqueurs de l'empire romain. La terre est devenue une propriété individuelle et permanente ; le régime de l'appropriation a définitivement pris possession de la société. On vend sa propriété, on la donne, on l'échange, on l'afferme, on hérite. La propriété est un droit, droit sauvegardé par une pénalité des plus sévères. L'amende imposée au voleur est d'autant plus forte que la chose volée est plus ou moins appropriée aux besoins de l'homme, plus ou moins voisine de sa personnalité. De là les prix exorbitants attachés chez toutes les nations barbares à la propriété mobilière qui a précédé, dans la vie des peuples, la propriété immobilière et qui est, en quelque sorte, inséparable de l'homme [3].

Quant à la terre, elle a encore si peu de valeur, qu'on la donne à qui la réclame [4]. Il suffit, pour que sa possession soit définitive, qu'on l'ait occupée sans réclamation durant une année entière. Ce ne fut qu'en 819, sous Louis-le-Débonnaire, que cet état de choses cessa d'exister [5], tant il est vrai que, longtemps après que la terre fut devenue une propriété transmissible par vente, succession et hérédité, elle demeura longtemps comme suspendue entre des tendances contraires qui se la disputaient. D'un côté, elle touchait à l'époque où elle appartenait à tout le monde ; de l'autre, à celle où elle ne devrait plus appartenir qu'à un

---

[1] Cæs. *de Bell. gall.*, VI, 22.

[2] Herodot, Melpom., 180. — Diod. sicul., t. Ier, p. 165. — Pomp. Mela., I, 8.

[3] Les lois saliques et ripuaires commencent la nomenclature des propriétés par les porcs, par le bétail grand et menu, les chiens de chasse, les chiens de garde, les éperviers, les milans, les faucons (Pact. leg. salic. antiq., I. II, III, IV, V, VI, VII.) Et remarquez la progression ! Il en coûte 3 sols pour voler un épervier dans l'arbre, quinze pour le prendre sur la perche, quarante-cinq s'il se trouve dans un bâtiment qui ferme à clef. (Pact. leg. sal. VII.) Cette règle de proportion, que nous trouvons ici au berceau de l'ordre civil et politique, est celle sur laquelle s'appuient encore et s'appuieront éternellement les civilisations les plus avancées. La maison d'abord, car c'est là l'asile de la famille ; ensuite, et de proche en proche, tout ce qui sert aux besoins et aux plaisirs de l'homme. (*Ibid*, XVIII, 1).

[4] Procop. *de Bell. goth.*, IV, 20.

[5] *Hludowic' I capitula legi salicæ addita ann.* 819.

seul; elle avait cessé d'être commune sans devenir pour cela une chose individuelle [1]. Dans cette ère de transition, en effet, il n'y avait point de biens personnels : il n'y avait que des biens de famille. Mais, dès que l'état commença à se former, les liens de parenté se relâchèrent peu à peu, et les antiques associations de race tendirent à se dissoudre. Les sévères prohibitions de l'Eglise en matière de mariage contribuèrent surtout à ce résultat. L'indivisibilité primitive de la terre chez les Barbares, ainsi que toutes les conséquences légales qui en découlaient, semble, en effet, n'avoir été elle-même qu'une conséquence de la promiscuité des femmes entre tous les mâles qui habitaient sous le même toit.

Ainsi, communauté de la terre, propriété collective, propriété individuelle, telles sont les trois phases par lesquelles ont passé les nations européennes. On ne saurait nier, d'après cela, que la propriété ne soit bien évidemment le progrès, et la communauté un retour aux usages de la barbarie la plus reculée. Cependant, il s'est rencontré de nos jours un certain nombre de grands esprits faux, selon l'expression de Bossuet, lesquels ont signalé la propriété comme une monstruosité qu'il fallait abolir, au plus tôt, sous un régime démocratique. A les en croire, c'est pour obtenir cette abolition que le peuple a combattu et proclamé la République en février : la République doit emporter la propriété. — Paradoxe de révolutionnaires en délire ! Pour arriver à détruire la propriété, il faudrait détruire de fond en comble la civilisation chrétienne, dont elle est l'un des caractères essentiels. La propriété, en effet, n'a pu s'établir que le jour où l'homme a renoncé à sa vie errante, et où la lumière morale s'est rallumée dans son âme. Chez les peuples nomades, chez qui la culture des terres était abandonnée aux esclaves, le sol n'appartenait à personne, parce qu'aucun homme libre n'en avait encore pris possession par le travail, et ne l'avait, pour ainsi dire, incorporé par cela même à sa personnalité. Mais le jour où des mains non serviles s'exercèrent sur la nature inanimée, elles créèrent un droit de propriété, car le travail de l'homme libre est aussi saint, aussi sacré que sa personne elle-même. Et voilà pourquoi, avant que des sophistes n'eussent perverti les intelligences, tout homme sensé considérait comme une nation sauvage celle où le droit de propriété n'existait pas. La propriété a amené après elle, comme conséquence, la stabilité de la famille d'abord, et par suite celle de l'Etat. Or, la stabilité, c'est le commerce, c'est l'industrie, c'est la prospérité ma-

[1] Tous les membres de la famille étaient co-propriétaires à des degrés différents, mais en réalité aux mêmes titres; tous étaient solidairement responsables de la totalité des dettes, et en général de toutes les obligations d'un parent défunt. Celui qui voulait s'y soustraire était obligé de renoncer publiquement à la famille.

térielle des peuples, c'est leur culture morale, en unmot, c'est le progrès, sous toutes les formes, dans toutes les directions où il est réalisable.

Dès que la famille se fut constituée par le mariage, dès que les femmes et les enfants furent devenus inséparables du père, on comprend que tout ce qui les environnait dût participer en quelque sorte de cette fixité, et que la terre ait été considérée par eux comme une annexe de leur existence. Indissolubilité des liens du mariage, fixité de la propriété, ces deux faits sont presque contemporains et inséparables l'un de l'autre. Aussi, à toutes les époques, là où des sophistes ont attaqué la propriété, ils ont presque en même temps attaqué le mariage et prêché la promiscuité. Tous comprennent que la propriété a été et sera, avec le mariage, l'une des bases éternelles de toute société chrétienne. « Depuis « que l'avenir de l'homme et celui de la famille ne sont plus dans les ha- « sards de la vie barbare, a dit un savant jurisconsulte; depuis qu'ils sont « circonscrits légalement dans son domaine et dans le parti qu'il saura « en tirer, il faut que son activité, c'est-à-dire l'un des besoins les plus « impérieux et les plus légitimes de la nature, puisse s'y déployer sans « contrainte. Or, si vous bornez d'avance ses effets, vous paralysez son « action. Autrefois, quand la peuplade était errante, il avait un champ « illimité devant lui, et sans rien posséder il pouvait prétendre à tout ; « mais depuis qu'il possède quelque chose, il a renoncé à tout ce qu'il « ne possède pas, et ne peut y arriver légitimement que par le travail. « Laissez-lui donc le travail, c'est-à-dire le droit absolu de propriété, « comme un droit naturel et un auxiliaire indispensable de la mo- « rale [1]. »

Ces simples observations, qui résument si bien les faits que j'ai exposés, devraient suffire pour faire rentrer sous terre les théories antisociales des Proudhon, des Owen, des Cabet. Mais nous vivons dans un temps où les logiciens du mensonge exercent une sorte de domination sur l'imagination du vulgaire. De là ces folles espérances de transformation radicale qui mettent les armes à la main aux ouvriers de nos cités. Mais ayons bon courage, mon cher ami, en dépit de tous les dangers et de toutes les menaces ! Les explosions antichrétiennes et antisociales qui naguère ont épouvanté notre pays, ne sont pas chose nouvelle dans l'histoire. Depuis les gnostiques jusqu'aux fouriéristes, toutes les convoitises, toutes les concupiscences, toutes les ambitions, toutes les impiétés se sont bien des fois coalisées contre l'ordre social fondé par le Christianisme. Dès le XIV⁰ siècle, l'orage épouvantable qui devait plus tard s'étendre sur une grande partie de l'Europe commençait déjà à faire en-

[1] Lehnéron, *Institutions carlovingiennes.*

tendre ses grondements lointains et menaçants. Moines, laïques, c'était à qui mettraient en avant les doctrines les plus hardies et les plus condamnables. La révolte est partout ; l'autorité s'affaiblit chaque jour, et Jean de Wiclif, plus connu sous le nom de Wiclef, arbore en Angleterre le drapeau de l'hérésie.

Wiclef fut le précurseur et le maître de tous les sectaires postérieurs. Animé d'une haine implacable contre le Saint-Siége, il poursuivit d'attaques incessantes *le vicaire du démon*, les adhérents de la grande prostituée et les moines, *ces fléaux de l'humanité*. La fureur de l'hérésiarque, tout en s'exhalant, semblait s'accroître chaque jour. Voyant que le clergé d'Angleterre ne le voulait pas suivre dans ses égarements, il s'adressa aux laïques, aux grands propriétaires, et les convia au pillage des biens de l'Eglise. Wiclef ne laissait échapper aucune occasion de faire prévaloir l'opinion que tout, en ce monde, appartient exclusivement à Dieu, et que celui-là seul qui possède *la grâce* a droit à la possession de quelque chose. Donations, concessions, titres d'héritage, tout cela, suivant l'écrivain, ne légitimait point la propriété. Quiconque était en état de péché mortel devait être dépouillé de l'héritage paternel.

Le but de Wiclef, en prêchant de pareilles doctrines, était seulement d'engager les laïques à mettre la main sur les biens du clergé qui, à l'en croire, se souillait d'iniquités de toutes sortes. Mais, en faisant de chacun le juge du droit religieux de son prochain à la possession de la terre, l'hérésiarque ouvrait, sans s'en douter, la porte à toutes les violences et à tous les vols. Les fureurs des Hussites et des Anabaptistes ne furent que la conséquence de ces fatales doctrines, aussi répandues en Allemagne qu'en Angleterre et qui devaient un jour aboutir à la tyrannie d'un Henri VIII.

Tout le monde sait qu'après l'exécution de Jean Huss, cet habile propagateur des idées de Wiclef, les disciples de l'hérésiarque prirent les armes pour venger sa mort. Une guerre effroyable ensanglanta la Bohême, et on n'y put mettre fin qu'en écrasant les fanatiques sous les ruines de leurs villes et de leurs villages. L'Europe, après ces violentes secousses, commençait à goûter quelque repos sous le pontificat de Léon X, lorsque la révolte de Luther vint soulever de nouvelles tempêtes. Toutes les doctrines des sectes réformatrices qui s'étaient élevées depuis les Henriciens, les Albigeois et les Vaudois, s'étaient réfugiées en Allemagne, la terre classique des rêveries philosophiques ; elles y avaient des partisans cachés qui faisaient à l'Eglise romaine une guerre sourde, mais acharnée. Les livres de Wiclef et de Jean Huss étaient entre toutes les mains. Aussi, Luther, dès ses premiers pas dans la carrière, put-il rallier autour de lui une foule d'hommes très-résolus à tout entreprendre contre Rome. En peu d'années, le moine de Wittemberg devint l'apôtre et l'oracle d'une grande partie de l'Allemagne. « Je n'ai pas encore mis la main à la moindre pierre pour la renverser, disait-il ; je n'ai fait mettre le feu à aucun monastère, mais presque tous les monastères sont ravagés par mes écrits et par mes prédications, et on publie que, sans violence, j'ai, moi seul, fait plus de mal au Pape que n'aurait pu faire aucun roi avec toutes les forces de son royaume [1]. »

Cependant, tandis que *l'Ecclésiaste de Wittemberg* s'enivrait ainsi de son orgueil, une foule de sectaires, d'abord ses disciples, mais bientôt fatigués du rôle subalterne qu'on leur faisait jouer, tournaient contre leur maître les armes qu'il leur avait fournies. Chacun prétendait à son tour être l'envoyé de Dieu ; les sectes naissaient de tous côtés comme des vers dans un cadavre. En vain Luther déploya-t-il toutes les ressources de sa dialectique et de son éloquence pour empêcher la division ; en vain prodigua-t-il la menace, et fit-il appel à l'épée temporelle. Tout fut inutile. Nicolas Stork, Munzer et Carlodstadt n'hésitèrent pas à déployer l'étendard de l'anabaptisme. Dès 1522, le peuple des campagnes de la Saxe fut gagné à la secte par les éloquentes prédictions de Munzer. « Enfants, leur disait-il, nous sommes tous frères, tous fils d'Adam. Pour-
« quoi donc la tyrannie a-t-elle établi une inégalité de rangs et de biens
« entre nous et les grands de la terre ? Pourquoi gémissons-nous dans la
« pauvreté tandis que d'autres nagent dans les délices ? N'avons-nous pas
« tous droit à l'égalité des biens, qui, de leur nature, sont faits pour être
« partagés, sans distinction, entre tous les hommes ? La terre est un hé-
« ritage commun, et nous y avons une part qu'on nous ravit. Quand
« ayons-nous cédé la portion de notre hérédité paternelle ? Où est le
« contrat qui constate cette cession ? Que les riches du siècle, avares et
« usurpateurs, nous rendent donc les biens qu'ils nous retiennent in-
« justement ! Ce n'est pas seulement comme hommes, mais aussi comme
« chrétiens, que nous ayons droit à une égale distribution des biens de
« la fortune. A la naissance de la religion, les apôtres, dans la réparti-
« tion de l'argent qu'on déposait à leurs pieds, n'avaient égard qu'à la
« position de chaque fidèle. Ah ! qu'ils reviennent donc ces temps heu-
« reux ! »

De telles doctrines, on le pense bien, durent être accueillies avec transport par de pauvres serfs. La fortune, d'ailleurs, n'était pas le seul avantage qu'on leur promit ; toutes les entraves que le catholicisme oppose aux passions de l'homme devaient tomber : plus de contrainte. Munzer enseignait, comme les Carpocratiens, que la fornication et l'a-

---

[1] Op., t. VII, p. 507-509. — Voy. *Histoire des Variations*, t. Ier, p. 30.

dultère ne sont pas des péchés, mais bien plutôt des œuvres de miséricorde d'autant plus agréables à Dieu qu'on diffère moins de les accomplir.

Il n'entre pas dans mon sujet de faire ici le récit des guerres et de l'anarchie effroyable qui désolèrent, à cette époque, une partie de l'Allemagne. Mais le triomphe du communisme à Munster, l'élévation de Jean de Leyde au trône, me paraissent se lier trop intimement à l'histoire du socialisme moderne pour que je ne vous dise pas quelques mots de cet épisode des guerres de l'anabaptisme.

Les luthériens et les sacramentaires étaient parvenus à se rendre maîtres de la ville de Munster, lorsque deux missionnaires anabaptistes vinrent y prêcher la nouvelle foi. L'un d'eux, nommé Bocold, était le fils naturel d'une pauvre paysanne du diocèse de Munster et du Bourgmestre d'un petit village de la Hollande. Après la mort de sa mère, Bocold s'était vu réduit, pour subsister, à apprendre le métier de tailleur. Le jeune artisan, après avoir consacré les premières années de son apprentissage à voyager, suivant l'usage des compagnons de son art, épousa, à son retour à Leyde, la veuve d'un pilote, et devint cabaretier.

Doué d'une imagination très-vive, Jean de Leyde (c'était le nom qu'on lui donnait) se livra avec ardeur à la poésie, et ses succès furent tels que sa maison devint bientôt le rendez-vous de tous les gens lettrés de la ville. Durant plusieurs années, le tailleur-poëte vécut paisiblement à Leyde, adoré de toute la jeunesse à laquelle il enseignait l'art des vers, et dont il encourageait les débauches par son exemple non moins que par ses ouvrages. Mais, s'étant fait affilier à la secte des Anabaptistes, Bocold dut quitter la ville avec ses coréligionnaires, et alla chercher un refuge à Munster (1534).

Peu de mois après, cette ville épiscopale était au pouvoir des nouveaux sectaires. Toutes les églises, tous les monastères furent pillés, tous les catholiques chassés de la ville; les tableaux, les ornements d'église, les statues furent brûlés sur la place publique, les vases sacrés fondus, les cloches abattues. Un fanatique, du nom de Mathis, exerça d'abord une autorité souveraine dans Munster; mais cet homme, réputé prophète par tous les siens, ayant péri dans une sortie contre les troupes épiscopales, Jean de Leyde fut appelé au gouvernement de la cité avec deux autres apôtres anabaptistes. Dévoré d'une ambition insatiable, plein d'énergie et de résolution, Bocold exerça bientôt sur ses collègues et sur tous ses concitoyens l'ascendant le plus dominateur. Mais, politique consommé, il ne voulut pas concentrer le pouvoir dans ses mains. Une assemblée générale du peuple fut convoquée, et là, d'un air inspiré, le prophète annonça qu'il avait fait choix de douze juges pour Israël. Avec l'assistance de ces magistrats, Jean de Leyde établit dans Munster la communauté des biens et des femmes. « On ne voyait dans la ville, dit « un historien contemporain, que répudiations et noces criminelles. « Plus on avait de femmes, plus on croyait obéir au nouveau comman- « dement du Seigneur. On enlevait les filles les plus chastes d'entre les « bras de leurs mères, pour accroître le nombre de ses femmes. Comme « l'on n'avait point la charge de les nourrir dans une république où « tous les biens étaient en commun, la convoitise seule était la règle « des mariages. L'incontinence était universelle. »

Cependant quelques citoyens, indignés de voir la polygamie établie dans une ville naguère catholique, descendent sur la place publique et déclarent qu'ils ne laisseront point enlever leurs filles et leurs femmes pour peupler le sérail des prophètes. Ils sont désarmés et décapités sur le lieu même. Plusieurs femmes et quelques jeunes filles restées fidèles aux saintes lois de la chasteté chrétienne sont éventrées par les sycophantes du tyran.

Après ces effroyables exécutions, Jean de Leyde put se livrer en paix à tous les excès de la débauche la plus raffinée. Mais à ce poëte plein de l'amour de soi, et dont l'ambition égalait l'orgueil, l'empire du génie ne suffisait pas. Le prophète eut la tentation de se faire élire roi par les fanatiques qu'il abusait. Un jour il fit répandre dans la ville, par ses émissaires, que l'esprit de prophétie l'avait subitement abandonné, et il se renferma dans son logis, feignant d'être en proie à la plus profonde tristesse. Aux amis qui venaient le visiter le prophète se montrait tout différent de ce qu'il avait été jusque-là ; plus d'enthousiasme, plus d'extases : « Le Seigneur, disait-il, s'est retiré de moi ; je l'ai mérité sans « doute ; mais il n'a point délaissé son peuple. C'est donc à vous de recher- « cher l'Elisée revêtu par l'éternel du double esprit d'Elie. »

Peu de temps, après le prophète annoncé se montra dans la cité. C'était un orfèvre, ancien compagnon de débauche du tailleur de Leyde. Il convoqua sur la place publique tous les Anabaptistes, ses frères, et là, monté sur une estrade, il adressa à la foule le discours que voici :

« Ecoute, Israël, et sois attentif aux ordres de ton Dieu ! Voici ce que « le Seigneur t'annonce : que tous les magistrats se démettent de leur « autorité... Prophète, m'a dit le Tout-Puissant, choisis pour juges de « mon peuple douze hommes simples qui *n'auront jamais été initiés aux* « *lettres humaines* [1]. »

---

[1] On voit que M. Jean Reynaud n'est lui-même qu'un imitateur. (Voir la Circulaire de M. Carnot aux instituteurs primaires au sujet des élections.)

A ces mots, il y eut parmi le peuple un mouvement d'étonnement. Le prophète eut l'air de ne s'en pas apercevoir, et se tournant vers Jean de Leyde, debout au pied de la tribune : « Seigneur, lui dit-il avec un « accent solennel, seigneur (car Dieu m'ordonne de vous reconnaître « pour mon souverain!), recevez, de la part de l'Eternel, l'épée que je « vous présente. Par ma bouche, le Ciel vous déclare ROI DE SION !..... « Et toi, peuple qui m'écoutes, sois fidèle à ton Maître, obéis à ses lois « et respecte dans sa personne l'autorité de Dieu, si tu veux jouir d'un « bonheur durable. »

Cependant le peuple gardait le silence. Jean de Leyde comprit qu'il fallait frapper son imagination. Il se jeta la face contre terre, se roula dans la poussière en poussant des sanglots ; puis, se relevant tout à coup : « O mon Dieu, s'écria-t-il, serai-je donc condamné à porter un pareil « fardeau ! Oh ! qui me délivrera d'un nom et d'une dignité dont je suis « si peu digne ! Frères, le Seigneur, depuis quelque temps, m'avait in- « struit lui-même de sa volonté ; mais je reculais devant l'arrêt pro- « noncé contre moi. Aujourd'hui il ne me reste plus qu'à m'incliner « devant l'Eternel et à recevoir de la main de son prophète le sceptre « qui m'est imposé. »

Ces paroles insidieuses produisirent l'effet que Bocold en attendait : le peuple salua avec enthousiasme le nouveau monarque. Quant à celui-ci, il se prit immédiatement au sérieux, et trôna à la façon de Charles-Quint. Il ne sortait jamais de son palais sans avoir sur la tête une couronne d'or enrichie de pierreries ; ses équipages étaient magnifiques, ses chevaux d'une rare beauté.

Au milieu de ce luxe oriental, le roi de Sion faisait publier des lois somptuaires. Hommes et femmes devaient porter tels ou tels vêtements ; toute espèce de luxe était interdit ; chacun devait faire transporter au palais tout ce qui lui restait d'or, d'argent, de blé, de provisions quelconques.

« En ce temps-là, dit un auteur contemporain, le peuple, étant nourri par la communauté, ne se livrait pour ainsi dire à aucun travail. »

Cette vie d'oisiveté avait un grand charme pour la multitude. Mais malheureusement les ressources s'épuisèrent rapidement. Chaque jour les distributions faites au peuple devenaient de plus en plus insuffisantes. La misère arriva bientôt, et avec elle les troubles et les séditions. Souvent les malédictions du peuple affamé montaient jusqu'au palais du monarque. Mais lui, pendant ce temps, vivait en sultan dans son sérail, au milieu de l'abondance. Quelqu'une de ses femmes s'apitoyait-elle sur les souffrances du peuple ? le prince entrait en fureur et faisait décapiter cette reine coupable de charité.

Pendant plusieurs mois, les choses allèrent ainsi. Le peuple, écrasé sous le poids de son infortune, ne se croyait plus la force de secouer le joug. La prise de Munster par les troupes épiscopales put seule mettre un terme aux souffrances de cette malheureuse cité. Le régime de la communauté des biens et des femmes avait suffisamment éclairé le peuple sur les douceurs du socialisme anabaptiste. Le retour de l'ancien ordre de choses fut accueilli avec enthousiasme, et jamais depuis, disent les histoires, les grands principes de l'ordre social n'ont été attaqués à Munster!

A une époque postérieure, le régime de la communauté fut établi au Paraguay par les Jésuites. On conçoit très-bien que, parmi des Indiens vivant à l'état sauvage, l'application d'un mode quelconque d'association ait été pour le peuple un bienfait réel. *Les réductions* du Paraguay étaient placées sous un régime patriarchal tempéré de discipline catholique. Chaque Indien avait son champ, son troupeau ; mais, en dehors de cette propriété individuelle, existait un vaste domaine commun que l'on nommait *la possession de Dieu* ; toute la colonie concourait à cette culture, dont les produits étaient affectés à l'entretien des infirmes, des malades, aux frais du culte et au paiement du tribut envoyé chaque année au roi d'Espagne. On portait dans les magasins de la mission le produit du travail collectif, et le curé en opérait ensuite la distribution en raison des besoins de chacun. Cette organisation convenait parfaitement à un peuple dans l'enfance ; là où l'individu n'a pas encore la conscience de ce qu'il peut et de ce qu'il veut, une tutelle est nécessaire. Les Jésuites du Paraguay l'avaient très-bien compris, et c'est ce qui les décida à fonder une *vaste école*, pour enseigner à leurs disciples *mineurs* et vivant en commun, la religion, l'agriculture, la civilisation. « Les Jésuites, en apprenant aux sauvages à cultiver la terre, à se construire des demeures, à se fabriquer des vêtements, etc., les Jésuites, dit M. H. Passy, tirèrent les Indiens d'une misère oppressive, et sous leur tutelle naquit presque tout à coup une abondance jusque là inconnue. Mais ce système, s'il avait duré, n'aurait pas tardé à devenir presque intolérable pour ceux-là même qui lui eussent dû leurs premiers progrès ; le temps serait arrivé où la population, accrue dans la mesure des moyens de production dont on l'avait dotée, eût senti le besoin d'en rechercher de plus efficaces..... et alors le savoir officiel de ses chefs n'eût plus suffi à la guider dans les voies nouvelles, et elle aurait brisé des liens devenus trop compressifs..... Civilisation et liberté, ces deux choses sont inséparables et se servent réciproquement de gage et de garantie. »

Ces observations sont d'une frappante justesse. Mais, encore une fois, qu'importent à des réformateurs qui ne croient qu'aux rêves de leur orgueil, que leur importent l'expérience, la raison, le bon sens? Convaincus que le monde, jusqu'à eux, a fait fausse route, ils convoquent à la destruction de l'ordre social toutes les âmes crédules, ambitieuses ou souffrantes ; et, après avoir amené des luttes fratricides, ils mettent sur le compte de la société tous les crimes que leurs doctrines ont fait commettre, toutes les misères qu'elles ont préparées pour l'avenir !

II

La conclusion de la science sociale, dit M. Proudhon, est celle-ci :

« Il n'y a pour l'homme qu'un seul devoir, qu'une seule religion, c'est
« de renier Dieu. *Nos est primum et maximum mandatum.*

« Que le prêtre se mette enfin dans l'esprit que la véritable vertu,
« celle qui nous rend digne de la vérité éternelle, c'est de lutter contre
« la religion et contre Dieu.

« Dieu, s'*il existe*, est essentiellement hostile à notre nature, et nous
« ne relevons aucunement de son autorité. Nous arrivons à la science
« malgré lui, au bien-être malgré lui ; chacun de nos progrès est une
« victoire dans laquelle *nous accusons la Divinité.*

« Dieu, te voilà détrôné et brisé ! Ton nom, si longtemps l'espoir du
« pauvre, le refuge du coupable repentant, ce nom, désormais voué au
« mépris et à l'anathème, sera sifflé parmi les hommes ; car Dieu, c'est
« sottise et lâcheté, hypocrisie et mensonge, tyrannie et misère ; Dieu,
« c'est le mal. Tant que l'humanité s'inclinera devant un autel, l'huma-
« nité sera réprouvée. Dieu ! retire-toi ! car, dès aujourd'hui, guéri de
« ta crainte et devenu sage, je jure, la main étendue vers le ciel, que tu
« n'es que le bourreau de ma raison. »

Cette doctrine athée était celle que professaient, dans les dernières années du XVIIIe siècle, Babeuf, Antonelle, Sylvain Maréchal et leurs complices. Tous ces hommes avaient, comme le citoyen Proudhon, abjuré le premier précepte du Décalogue : *Un seul Dieu tu adoreras,* etc., et naturellement ils arrivèrent à fouler aux pieds tous les autres : *Tu ne déroberas pas.... Tu ne convoiteras pas la maison de ton voisin........ ni aucune des choses qui lui appartiennent,* etc.

Les Égaux (nom que se donnaient les membres de la secte babouviste) avaient lu et médité le *Code de la nature* de l'utopiste Morelly. Venus à une époque de violence, ils ne se bornèrent point à faire de la théorie. Tout en acceptant la donnée bucolique de Platon, de Thomas Morus, de Campanella et des rêveurs postérieurs, ils crurent, pour le bonheur de la nation française, devoir faire usage des moyens de réalisation mis en pratique au XVIe siècle, par les Hussites et les Anabaptistes. « Quand donc, avait dit Raynal dans son *Histoire philosophique des deux Indes,* quand *donc viendra cet ange exterminateur* qui abattra tout ce qui s'élève et qui mettra tout au niveau ! » Eh bien ! le vœu du philosophe fut accompli ; *l'ange-exterminateur* apparut peu d'années après l'évocation ; Raynal le vit se préparant *à abattre et à niveler ;* il le vit, et, dans son épouvante, il se frappa la poitrine avec désespoir, en attendant la mort, qui a laissé du moins à sa vieillesse souffrante et *proscrite* tout le temps du repentir.

« La nature, avait dit Morelly, a fait sentir aux hommes, *par la pa-*
« *rité* de sentiments et de besoins, *leur égalité de conditions et de droits,*
« et la nécessité d'un travail commun. »

Ce fut là le point de départ des Egaux. Vous avez sans doute ouï parler de leur fameux *Manifeste,* dont la rédaction est attribuée à Sylvain Maréchal. Quelques traits principaux suffiront pour caractériser la doctrine exposée dans cette pièce et dans tous les autres documents que l'histoire nous a transmis.

Comme tous leurs devanciers, les babouvistes commençaient par poser en principe que la *propriété individuelle* est ici-bas l'origine de tous les maux. A les en croire, la propriété collective est seule bonne et féconde. « Le droit de propriété est la plus déplorable création de nos fantaisies, écrivait l'un des disciples de Babœuf. Je suis convaincu que l'état de communauté est le seul juste, le seul bon, le seul conforme aux purs sentiments de la nature..... Le nombre est infini de ceux qui adoptent cette opinion que les hommes réunis en société ne peuvent trouver le bonheur que dans *la communauté des biens.* C'est un des points sur lesquels les philosophes et les poëtes, les *cœurs sensibles* et les moralistes *austères,* les imaginations vives et les logiciens exacts, les esprits exercés et les esprits simples furent et seront toujours d'accord. »

Les Egaux, qu'ils fussent ou non convaincus de tous ces principes, n'en résolurent pas moins de les mettre immédiatement en pratique. Une expropriation générale des particuliers au profit de l'Etat fut arrêtée. — L'*égalité réelle* ou la mort, voilà ce qu'il nous faut, et nous l'aurons, N'IMPORTE A QUEL PRIX ! La Révolution française n'est que l'avant-courrière d'une révolution bien plus grande, *bien plus solennelle,* ET QUI SERA LA DERNIÈRE ! Ce qu'il nous faut, ce n'est pas cette égalité transcrite dans la Déclaration des Droits de l'Homme et du Citoyen ; nous voulons l'égalité au milieu de nous, sous le toit de nos maisons.... Nous CONSENTONS A TOUT POUR ELLE ; *à faire table rase,* s'il le faut, POUR NOUS EN TENIR A ELLE SEULE..... Nous ne souffrirons pas davantage que la très-grande majorité des hommes *travaille et sue au service et sous le bon plaisir de l'extrême minorité.* Disparaissez enfin, révoltantes distinctions de riches et de pauvres, de grands et de petits, de maîtres et de valets, de gouvernants et de gouvernés! Qu'il n'y ait plus d'*autres différences parmi les hommes que celle de l'âge et du sexe*. Puisque tous ont les mêmes besoins, qu'il n'y ait plus pour eux qu'une SEULE ÉDUCATION ET QU'UNE MÊME NOURRITURE. Un seul homme sur la terre plus puissant qu'un autre, et tout l'équilibre est rompu. —

Aucune difficulté, comme on voit, n'arrêtait les Egaux. Bien décidés à faire *table rase* de toutes choses *pour s'en tenir à la seule égalité*, ils effaçaient, d'un trait de plume, la liberté conquise au prix de tant de sacrifices. L'individu était complétement sacrifié à l'Etat, dont on voulait la puissance aussi absolue que celle des Pharaons. L'égalité des nègres sous le fouet d'un commandeur, tel était l'idéal. La liberté n'était pour ces hommes, comme pour les radicaux d'aujourd'hui, qu'un *moyen; le but*, c'était le nivellement général. Il en sera toujours ainsi. Ah! nous en ferions la cruelle expérience si Dieu, qui protége la France, l'abandonnait demain aux ambitieux qui poussent le peuple à la révolte: nous verrions sans nul doute quelque Jean Bocold, éloquent et hardi, chasser de la ville tous les gens riches, faire décapiter les plus récalcitrants et se proclamer chef de la communauté, aux applaudissements de la multitude à laquelle il aurait suffi de promettre tout ce que Babeuf promettait à la nation en 1797, c'est-à-dire :

1° « Un logement commode et proprement meublé.

2° « Des habillements de travail et de repos, de fil et laine, *conformes au costume national*.

3° « Le blanchissage, l'éclairage, le chauffage.

4° « Une quantité suffisante d'aliments en pain, viande, volailles, poissons, œufs, beurre, huile, vin ou autre boisson, selon le pays, légumes, fruits, assaisonnements et autres objets dont la réunion constitue une médiocre et frugale aisance.

5° « Les secours de l'art de guérir. »

Oui, en un temps comme le nôtre, où les appétits sensuels sont si vivement excités et où la servilité n'a point de bornes, le gouvernement, si l'émeute pouvait triompher, appartiendrait au premier charlatan qui saurait leurrer le peuple par de mensongères promesses !

Quant à Babeuf et ses principaux complices, ils avaient pris toutes leurs mesures pour établir leur gouvernement dont ils espéraient bien se faire proclamer les chefs. A jour et heure fixe, les citoyens et les *citoyennes* devaient partir de tous les points, *en désordre* et sans attendre le mouvement des quartiers voisins. Chaque division devait être placée sous la conduite des patriotes auxquels le *comité insurrecteur* aurait confié des guidons portant l'inscription suivante :

LIBERTÉ! BONHEUR COMMUN! ÉGALITÉ!

Le plan des insurgés était assez bien combiné; voici quelques-unes de leurs dispositions :

— Ceux qui usurpent la souveraineté devront être mis à mort par les hommes libres.

— Les armes de toute espèce seront enlevées par les insurgés partout où elles se trouveront.

— Les barrières et cours d'eau seront rigoureusement gardés. Nul ne pourra sortir de Paris sans un ordre formel et spécial du *comité insurrecteur.*

— Le peuple s'emparera de la trésorerie nationale, de la poste aux lettres, des maisons des ministres, et de tout magasin contenant des vivres ou des provisions.

— Le comité *insurrecteur* donne aux *légions sacrées* des camps des environs de Paris, qui ont juré de mourir pour l'égalité, l'ordre de soutenir partout les efforts du peuple.

— Toute opposition sera vaincue sur-le-champ par la force. — LES OPPOSANTS SERONT EXTERMINÉS.

— Seront également mis à mort ceux qui battront ou feront battre la générale, les étrangers trouvés dans les rues, etc.

— Le peuple ne prendra de repos qu'après la destruction du gouvernement tyrannique.

— Tous les biens des émigrés, des conspirateurs, et *de tous les ennemis du peuple,* seront distribués sans délai aux défenseurs de la patrie.

— Les malheureux de toute la République *seront immédiatement meublés et logés dans les maisons des conspirateurs.*

— Le soin de terminer la révolution sera confié à une assemblée nationale, composée d'un démocrate par département, lequel sera nommé par le peuple insurgé, *sur la présentation du comité insurrecteur.*

Cependant, malgré l'accord des *cœurs sensibles,* des moralistes austères, des philosophes, des hommes *illettrés* et des savants, sur la nécessité d'établir la communauté des biens, la France laissa Babeuf et ses complices mourir sur l'échafaud. Nous ne discuterons pas la valeur de son utopie : elle ressemble à toutes celles qui l'ont précédée ; elle se reflète dans toutes celles qui vont suivre. Une chose la caractérise cependant : c'est le rôle immense qu'elle attribue à l'État, sorte d'émanation philosophique de la divinité sur la terre. Cela ne vous étonnera pas, mon cher ami ; que de fois ne m'avez-vous pas répété que la dernière conséquence de l'esprit révolutionnaire-radical serait partout l'établissement du despotisme le plus brutal !

Les doctrines communistes périrent en France avec les chefs du complot babouviste. Il n'en fut même pas question sous l'Empire et sous la

Restauration. Mais, après 1830, les théories philoso..hiques importées d'Allemagne et célébrées avec enthousiasme par M. ..usin, portèrent leurs fruits. Le panthéisme hégélien déborda de tout.. parts. Des disciples, ou des auditeurs assidus de M. Cousin, les uns, ..utrefois chrétiens convaincus comme Jouffroy, perdirent la foi et se ..rent à célébrer les funérailles du Christianisme; les autres, comme P.. rre Leroux, Lerminier, Jean Reynaud, etc., se firent provisoirement les apôtres de la réhabilitation de la chair et de je ne sais quel néo-Chri..tianisme humanitaire. Dans ce temps-là, chaque parole qui tombait du haut de la chaire prophétique du successeur de Royer-Collard faisait t..ssaillir les jeunes néophites rangés autour de lui. Lorsque le professeur ..rlait *de l'intuition primitive, qui est le plus haut degré de connaissanc.. qui produit les prophètes et engendre les religions,* toutes les imagina.. ns s'exaltaient, et plus d'un auditeur transporté se créait, dans l'aver.., un rôle de pontife et de bienfaiteur de l'humanité! C'est alors qu.. M. Lerminier s'écriait dans l'exaltation de son délire : « La science ne se remue pas en vain : ELLE BATIRA UN CULTE NOUVEAU ! » L'histoire elle-même fut envahie par les faiseurs de synthèse, qui expliquaient toutes choses à l'aide du symbole. Le fatalisme s'étala effrontément dans les chaires et dans les livres. Tout ce qui, dans le passé, avait été fort et puissant fut justifié et déifié, indépendamment du bien et du mal moral ; la philosophie éclectique proclama *la théorie du succès et de la victoire;* on laissa aux ignorants et *aux vieillards* cette pieuse parole que le poëte a mise dans la bouche du héros compagnon d'Hector :

> « *Disce, puer, virtutem ex me verumque laborem*
> « *Fortunam ex aliis.....* »

Dieu n'est pas, répétait sans cesse Hegel, mais il se fait, il se développe, il s'augmente en s'émanant, il se déploie dans la matière, il croît dans le minéral, il végète dans la plante, il sent et se meut dans l'animal, il pense, il agit dans l'homme.

Un autre philosophe, en commençant un jour l'une de ses leçons, à Iéna, avait annoncé à ses élèves que, dans peu d'années, la religion du Christ n'existerait plus. Mais ce fut le docteur Strauss qui livra passage *aux grandes eaux.* Non content de soutenir que Jésus n'était qu'un symbole de l'humanité, l'écrivain, dans un second ouvrage, attaqua avec une fureur inouïe les dogmes les plus sacrés de l'Eglise. Cette levée de boucliers révéla à l'Allemagne tout le chemin qu'elle avait fait loin du Christianisme. De tous les points de l'horizon accoururent des champions armés de pied-en-cap ; bientôt Strauss fut dépassé. Marche ! marche ! tel est le cri fatal qui, à toutes les époques, retentit aux oreilles des révolutionnaires. Dans les annales de Halle, les jacobins de l'hégélisme n'hésitèrent pas à tirer toutes les conséquences de la doctrine du maître : l'athéisme fut franchement proclamé. En vain l'illustre Goerres, dans son *Athanase*, et le savant Léo, dans une vive brochure, essayèrent-ils de faire prévaloir, l'un l'autorité de l'Eglise catholique, l'autre les principes du protestantisme ; en vain Schelling épouvanté vint-il, couronné de ses cheveux blancs, prendre la défense du Christianisme, attaqué dans tous ses livres. Rien ne put arrêter le torrent. Bruno Bauer et Feuerbach firent un appel aux instincts les plus brutaux de leurs compatriotes, et leurs paroles trouvèrent partout de l'écho. A la théocratie du moyen-âge, *cette antique illusion d'optique dont on peut maintenant calculer les lois*, on substitua une religion naturelle où l'homme remplace Dieu. « Nous ne combattons pas, en Allemagne, comme les révolutionnaires en France, pour les droits humains des peuples, s'écriait Henri Heine, mais bien pour les droits divins de l'homme. Nous formons UNE DÉMOCRATIE DE DIEUX TERRESTRES, égaux en béatitude et en sainteté... Nous voulons le nectar et l'ambroisie, des manteaux de pourpre, la volupté des parfums, les danses des nymphes... Les saint-simoniens ont compris et voulu quelque chose de semblable ; mais ils ont été vaincus, *du moins pour quelque temps*, à cause du matérialisme qui les entourait. On les a mieux appréciés en Allemagne, *car l'Allemagne est à présent la terre classique du panthéisme*. Cette religion est celle de nos plus grands penseurs, de nos artistes les plus illustres, ET LE DÉISME Y EST DÉTRUIT EN THÉORIE. On ne le dit pas, mais chacun le sait. Le panthéisme est le secret public en Allemagne. Dans le fait, *nous sommes trop grands pour le théisme;* nous sommes libres ET NE VOULONS PLUS DE DESPOTE TONNANT. » Voilà à quel excès de sensualisme la philosophie rationaliste avait conduit l'Allemagne. De là aux doctrines du communisme la pente était fatale : on a roulé jusqu'au fond du précipice !

Pendant ce temps la France marchait, elle aussi. « Comme l'idéalisme grec a préparé le Christianisme, avait dit un disciple de M. Cousin, *l'idéalisme germanique prépare la religion qui succédera au Christianisme...* Si belle que soit la tradition chrétienne, elle n'est pas égale à *l'universalité des choses;* l'humanité ne peut s'enfermer éternellement dans les conceptions hébraïques de la cabale et de l'Evangile... Ce n'est plus aujourd'hui le temps pour l'humanité de plier les épaules sous le poids *d'une funeste et triste humilité;* l'exaltation persévérante de la force *est un devoir...* l'homme pense Dieu naturellement, parce qu'il est Dieu lui-même que les poëtes ne nous disent donc plus « *s'ils étaient dieux à demi!* »

Les poëtes, — et l'on sait combien le nombre de ceux qui croient l'être est immense aujourd'hui, — les poëtes ne crurent pas en effet

qu'ils *étaient dieux à demi.* « Chose étonnante, disait M. Lebre, dans la
Revue des deux mondes, en 1843, le panthéisme a fait invasion en
France... nos meilleurs esprits se sont laissé surprendre..., on le re-
trouve (le panthéisme) dans la poésie, dans le roman, dans l'histoire.
LES ÉCOLES SOCIALISTES RELÈVENT DE LUI. Il s'est insinué partout.

« On peut suivre ses traces *jusque dans les œuvres qui ne lui appartiennent pas.* La fascination a entraîné nos plus beaux génies à des erreurs
peu faites pour eux. Le poëte de la patrie, Béranger, oublie, dit-on, la
France pour je ne sais quels rêves humanitaires, et la plus chaste de
nos muses profana un jour sa voix suave à chanter les orgies orien-
tales. *Si de ces hauteurs nous descendons dans la foule,* que trouvons-
nous ? Chez les jeunes imaginations, le culte de la nature ; chez tous, un
fatalisme qui inspire une vaste indifférence... le ciel désert et les espérances toujours *plus pompeuses* d'une terre enfin prospère ! »

C'est au milieu de ces rêves d'une prospérité et d'un bonheur chimériques, que le communisme a fait son apparition en France. Quoique
cette secte se rattache incontestablement à toutes celles qui se sont
dispersées il y a quelques années, ce n'est guère qu'après la défaite de
Barbès et de Blanqui, au 12 mai 1839, qu'on trouve le communisme à
l'état d'organisation. Ce fut, à ce qu'il paraît, l'Anglais Robert Owen
qui, dans un voyage qu'il fit à Paris, à la même époque, jeta les premières bases de l'association, avec les débris des sociétés secrètes. Voici
en quelques lignes l'histoire de ce réformateur.

M. Owen, au début de sa carrière, avait fixé l'attention de l'Europe
par l'habile organisation qu'il avait introduite dans sa manufacture de
New-Lenark. Possesseur d'une grande fortune, accueilli avec faveur par
des souverains et protégé par des princes du sang, le réformateur ob-
tint l'insigne faveur de faire discuter ses idées dans le Parlement d'Angleterre et dans le congrès des États-Unis. Depuis près d'un demi-
siècle, l'Europe a retenti du nom de Robert Owen. Ses théories, on le
sait, ont subi plus d'une fois l'épreuve de l'expérience. A New-Har-
mony et à Orbiston, on a pu voir à l'œuvre le principe de la communauté. Or, dans l'un et l'autre établissement, les résultats furent les
mêmes : exploitation des ouvriers laborieux par des ouvriers fainéants,
des hommes intelligents par des hommes incapables ; anéantissement
graduel de la production et éloignement invincible pour le travail !

Cependant M. Owen ne s'est pas tenu pour battu. Convaincu, comme le
sont tous ses rivaux, que lui seul a le secret du bonheur universel, il lutte
depuis vingt-cinq ans avec un courage et une persévérance dignes d'une
meilleure cause. Battu sur un point, il relève sa bannière sur un autre.
Déjà sa théorie a subi je ne sais combien de transformations ; mais peu

importe : la foi du réformateur ne faiblit pas. Tenter de nouveaux essais, provoquer de nouvelles souscriptions, voilà sa vie ! Il a fondé à Manchester un congrès annuel, et créé dans les trois royaumes soixante-et-une sociétés qui relèvent d'une association centrale.

Toutefois, pendant bien longtemps, la *secte socialiste* (c'est le nom qu'elle se donne) n'a pu recruter qu'un très-petit nombre de disciples, ingénieurs sans emploi, poëtes incompris, écrivains dédaignés, politiques méconnus, industriels en faillite, etc. Le *régime rationnel* se serait donc éteint dans la solitude, si, en désespoir de cause, le réformateur n'eût fait alliance avec le radicalisme politique. Vous savez, mon cher ami, qu'à Londres, il y a peu d'années, Robert Owen est venu, au nom de plus de cent mille ouvriers, frapper aux portes du palais de Saint-James.

Rien d'étonnant à ce que les chartistes anglais, malgré leur dédain pour l'utopie d'Owen, aient cru le devoir choisir pour un de leurs porte-drapeaux. Ils ont compris d'instinct que, de tous les dissolvants de la société, le *socialisme* était le plus énergique. D'ailleurs, Owen est la dernière expression du rationalisme. « Il proteste contre l'âme, disait il y a peu d'années le *Quarterly-Review*, comme les dissidents détachés de l'Eglise anglicane ont protesté contre cette dernière, *et l'Eglise anglicane elle-même contre le Catholicisme*. OWEN EST LE DERNIER DES PROTESTANTS. On ne peut aller plus loin. C'est une série logique, une chaîne nécessaire de négations qui *aboutissent à la destruction de la société*, DERNIÈRE NÉGATION [1]. » — Paroles d'une admirable justesse ! Oui, le communisme est la dernière négation du protestantisme. Étudiez, mon cher ami, ce qui s'est passé en Angleterre, en Allemagne et en Suisse, depuis le XVIe siècle, dans l'ordre religieux et social, et vous partagerez l'opinion du *reviewer* anglais.

Voici, au surplus, la profession de foi du *dernier des protestants* :

« Tous les hommes doivent vivre en commun, *unis par les simples liens d'une bienveillance universelle*. Jusqu'à présent *ils ont été les esclaves d'une monstrueuse trinité :* la PROPRIÉTÉ, la RELIGION et le MARIAGE. Il est difficile de dire laquelle de ces trois sources de *crimes* est la plus féconde et la plus atroce. Cette hideuse trinité *est le seul satan qui ait jamais troublé le genre humain [2]*. »

Vous voyez, mon cher ami, que l'athée Proudhon a un ancêtre en Angleterre. Au surplus, nos socialistes de toutes nuances ne font guère, depuis assez longtemps, que développer ce thème de l'écrivain britannique :

[1] *Quarterly-Review*, mai 1840.
[2] *Déclaration d'indépendance intellectuelle*.

« L'homme est né pour être heureux, pour l'être dès cette vie, *au moyen des sens* que la nature lui a donnés. Ses actes et sa volonté dépendent du milieu dans lequel il se développe, *et la société ne peut lui demander compte du mal qu'il commet;* CAR ELLE EST SEULE COUPABLE. Telles sont nos maximes fondamentales; elles conduisent à la bienveillance universelle; c'est la seule religion que nous professons. »

Oh! oui, ce sont bien là, aucun homme de bonne foi ne le saurait nier à cette heure, les conséquences logiques de trois siècles de philosophie antichrétienne. Robert Owen n'est point un être pervers; il aime l'humanité, à la manière de M. de Lamartine; il professe, comme l'illustre poëte, le dogme de la *bienveillance universelle*. Mais il se figure qu'il tient dans sa main, comme la Providence, *les rênes des empires*. C'est ainsi que l'auteur de *la Chute d'un Ange*, dans la bonne foi de son immense vanité, croyait naguère que sa parole avait transformé Blanqui et se portait garant des bonnes intentions de ce conspirateur. M. Owen, comme Charles Fourier, croit posséder le don de tout transformer. Voyez! il promet la richesse, et il abolit la propriété, le seul mobile qui la fasse naître! Il reconnaît la légitimité de toutes les passions; il absout d'avance tous les crimes, et il prêche la vie en commun! Il sème le désordre et l'égoïsme, et il veut recueillir la paix et la bienveillance.

« Quelle est donc, s'écriait Voltaire, à propos des socialistes de son temps, quelle est donc l'espèce de philosophie qui fait dire des choses que le sens commun réprouve depuis le fond de la Chine jusqu'au Canada? N'est-ce pas celle d'un gueux qui voudrait que tous les riches fussent volés par les pauvres, afin de mieux établir l'union fraternelle entre tous les hommes? »

Il faut reconnaître, mon cher ami, que le XIX° siècle est en progrès; car aujourd'hui c'est un favori des rois qui tient le langage des *gueux* du temps de Voltaire, et Dieu sait combien d'*échos* répètent ces diatribes antireligieuses et antisociales en France, en Angleterre et en Allemagne!

Cependant à la révolte armée avait succédé la révolte par la presse. A Lyon, le journal *le Travail*, à Paris, *la Fraternité* et *le Populaire*, se posèrent comme les organes des doctrines communistes. Rien de moins original que les thèses soutenues dans ces diverses feuilles. C'est un mélange bizarre de réminiscences gréco-romaines, d'emprunts faits à Campanella, à Morelly, à Sylvain Maréchal, à l'Évangile, au saint-simonisme et enfin au fouriérisme. Aucune de ces folies n'est relevée par le mérite du style; on ne saurait se faire plagiaire d'une façon plus inintelligente.

L'instruction faite par l'ordre de la Chambre des Pairs a révélé que l'une des principales sectes communistes avait décrété l'anéantissement des grandes villes, la suppression des beaux-arts, l'obligation des voyages, l'organisation des ateliers nationaux, etc.; en même temps qu'elle tenait pour *suspecte l'existence de l'Être-Suprême.* Mais on ignore si toutes les fractions du parti communiste professent des opinions aussi avancées. L'une de ces fractions, celle des *Icariens,* qui reconnaît pour chef M. Cabet, est la seule qui ait paru pencher pour une propagation pacifique. L'auteur du *Voyage en Icarie,* qui se croit sans doute destiné à jouer, un jour, le rôle du grand métaphysicien dans *la Cité du Soleil* de Campanella, a publié, il y a quelques années, le plan d'une communauté imaginaire, fondée sur un continent, qui n'est séparée que par un bras de mer du pays des Marivols. Vous n'attendez pas de moi, je l'espère, mon bon ami, que je vous fasse l'analyse de ce roman sans originalité et sans intérêt. Qu'il vous suffise de savoir que l'Icarie est un pays où l'État pourvoit à tout; un pays dans lequel il y a une grande boucherie, une grande imprimerie, une grande blanchisserie, de grands ateliers de tailleurs, de cordonniers, de tapissiers, ect.; un pays où la loi règle tout, le lever, le coucher, le déjeuner, le dîner; un pays enfin où dans de vastes haras humains, le brun est accouplé avec la blonde, la brune avec le blond, le montagnard avec la fille de la plaine, etc.

Toutes ces belles choses font verser des larmes d'attendrissement à ce bon M. Cabet, qui, à l'exemple de tous les socialistes ses confrères, ne manque pas d'associer à son enthousiasme pour le régime de la communauté tous les hommes illustres du présent et du passé. Bossuet était un communiste! Washington, Sismondi, Royer-Collard, Mirabeau, Napoléon, Chateaubriand aussi; Lamennais, Tocqueville, et vingt autres, communistes! Pourquoi pas? Est-ce que l'auteur du *Manifeste des égaux* n'a pas inscrit les noms de saint Thomas, de saint Augustin et même celui de Notre-Seigneur Jésus-Christ, dans son Dictionnaire des athées?

Une chose vous frappera, mon cher ami, dans le livre de M. Cabet, si la fantaisie vous prend de le lire, c'est la croyance profonde de l'auteur à toutes les billevesées qu'il débite; c'est la franchise avec laquelle il proclame sa doctrine. Fourier n'était ni plus crédule, ni plus sincère. M. Cabet organise la société d'Icarie comme une sucrerie coloniale, il fait de *ses frères* un vil bétail parqué dans un même pâturage, et pourtant la pensée ne lui vient même pas que le berger du troupeau ayant affaire à des animaux de même nature que lui, il eût fallu, avant de les renfermer dans la prairie, régler leurs passions à un même thermomètre, effacer chez eux les diversités de caractères, les élans de liberté, éteindre, en un mot, chez tous, et les désirs du cœur et les caprices de l'imagination ! On dirait que l'établissement du communisme implique la découverte de tous les secrets merveilleux que les romans du moyen âge attribuaient aux nécromans. Nous voyons, par exemple, qu'en Icarie, les estomacs acquièrent une puissance digestive inconnue aux nations qui vivent encore sous le régime de la médecine hypocratique : « *Avant-de jeuner*, à six heures du matin ; — déjeuner, à neuf ; — dîner commun, à deux heures ; — souper, de neuf à dix heures du soir. »

Vous voyez, mon cher ami, que maître Gaster est quasi aussi bien traité en régime de communauté que dans le phalanstère des fouriéristes. Et pourtant, il me semble que ce sont des *questions de substances* qui révolutionneront la république démocratique et sociale de M. Cabet. Il y aura, vous le savez, dans chaque dépôt de l'Icarie, de vastes magasins publics où seront renfermées toutes les provisions de la communauté. La répartition se fera par des agents de l'autorité. Chacun recevra d'eux sa pitance, en proportion de ses besoins et des ressources sociales. A merveille ! — mais si nos fonctionnaires de l'Etat, nos ingénieurs des ponts-et-chaussées, par exemple, anciens élèves de l'Ecole polytechnique, n'ont jamais su faire un devis; s'il est avéré que ces mêmes ingénieurs, les plus savants qu'il y ait au monde, dépensent à nous construire des routes mal dirigées et des canaux qui ne servent à rien, des sommes fabuleuses, n'est-il pas à craindre que les distributeurs de l'Etat icarien ne soient pas meilleurs *fonctionnaires* que les nôtres ? Or, que pendant quelques semaines seulement, un certain nombre des répartiteurs de M. Cabet, ayant mission de faire la distribution des comestibles à des fractions de la communauté, que ces répartiteurs, investis en quelque sorte du droit de vie et de mort sur leurs administrés, apprécient mal *et les besoins d'une localité et l'étendue des ressources sociales,* l'Etat ne sera-t-il pas sur la pente d'une révolution ?

Mais les socialistes, il est vrai, s'inquiètent peu de telles vétilles. Ils se bornent à proclamer une formule ; cela suffit. Il n'y a que des esprits mesquins qui s'occupent de la réalité !

Je n'ai pu vous parler plus sérieusement des chimères communistes, mon cher ami ; et pourtant, au fond, quoi qu'on ait écrit, il y a là un immense danger pour l'ordre social. Il ne faut pas croire, comme le disait en février dernier l'un des disciples de *l'école de M. Buchez,* il ne faut pas croire que *le communisme n'offre aucun danger* comme réalisation pratique, et que, comme enseignement moral, il ne menace pas davantage la société, « *parce que, s'il est quelques misérables qui prêchent dans l'ombre la destruction de la famille et le règne de l'égoïsme absolu, il faut reconnaître que la masse communiste désavoue ces infamies, et prétend conserver la pureté des mœurs.* » Les terribles journées de juin nous ont donné la mesure de la créance qu'il faut accorder à ces assertions de certains rêveurs, philosophes et socialistes. Non, non; plus d'illusions! le communisme, dernière conséquence de toutes les négations anti-chrétiennes, de tous les absolutismes qui ont pesé sur la France depuis trois siècles, le communisme menace la société d'un effroyable cataclysme! On a excité dans le peuple des haines implacables; on a fait passer devant ses yeux l'image d'un monde de joie, de bonheur et de félicité; le socialisme a proclamé *qu'il voulait régénérer les peuples pour les couronner;* les peuples ont pris au sérieux ces menteuses promesses, et ils jettent aujourd'hui à leurs gouvernants ces paroles de M. Proudhon:

« Pensez-vous que les travailleurs ne se lèveront pas dans leur colère, et qu'une fois maîtres dans leur vengeance ils se reposeront dans l'amnistie?

« ... La bourgeoisie a mérité tous les maux dont on la menace... La propriété, régime de spoliation et de misère, doit périr aussitôt que la civilisation aura acquis la conscience de ses lois.

« La propriété, par principe et par essence, est *immorale;* conséquemment, le code qui détermine les droits de la propriété est un code d'immoralité; la jurisprudence, cette prétendue science du droit, est immorale; et la justice, qui ordonne de prêter main forte *contre ceux qui voudraient s'opposer aux abus de la propriété;* la justice, qui *afflige* quiconque est assez osé pour prétendre réparer les outrages de la propriété, LA JUSTICE EST INFAME! Et la propriété, de qui est sortie l'odieuse lignée de la justice, est infâme!

« LA PROPRIÉTÉ C'EST LE VOL! Il ne se dit pas en mille ans deux mots comme celui-là! »

La propriété c'est le vol! M. Proudhon l'a osé dire avec la brutale crudité de son style. Mais bien d'autres, qui ne sont pas athées et qui se défendent d'être communistes, émettent des doctrines qui conduisent à des résultats analogues. L'un des disciples de M. Buchez, aujourd'hui préfet de la Loire-Inférieure, M. Marius Rampal, par exemple, a professé dans la *Revue nationale* des théories qu'il importe de faire connaître au public. De deux choses l'une: ou l'on rétractera ces fatales doctrines, qui, nous en avons la preuve lamentable, ont poussé derrière les barricades de juin de crédules et ignorants *écoliers,* ou bien l'on sentira la nécessité d'expliquer les déplorables articles qu'on a publiés l'an dernier sous le pseudonyme d'Albert Gazel.

Je me propose d'examiner ces articles dans une prochaine lettre.

VI

Si vous avez lu, mon cher ami, les ouvrages de M. Buchez, écrivain d'un talent, d'une science et d'une sincérité incontestables, vous aurez été frappé comme moi de l'exagération et même de la fausseté de quelques-uns de ses principes. Ancien disciple de Saint-Simon, fondateur lui-même d'une école tout à la fois politique, économique et religieuse, l'historien de la révolution française n'a su se dépouiller ni des habitudes ni des illusions de sa secte, ni des théories despotiques et unitaires de l'ancien jacobinisme. M. Buchez a la prétention d'établir que le Christianisme est tout aussi bien une doctrine politique et sociale qu'une doctrine religieuse. Or, nous ne craignons pas de l'affirmer, ce point de vue est radicalement faux.

I

On l'a dit souvent, le Christianisme, par sa nature n'est point politique ; il est humain ! « L'Etat, la nation, la famille, ne sont à ses yeux que des nombres ; l'homme est la véritable unité. L'Etat, la nation, la famille sont des liens utiles et sacrés, des communautés légitimes et nécessaires, quoique purement terrestres et par suite périssables : *elles existent pour l'homme, et non l'homme pour elles.* L'homme, au contraire, qui est immortel, l'homme est plus grand, plus important, plus digne de protection, d'éducation et d'amour.

« De là ressort dans le Christianisme une politique, ou, pour mieux dire, une entente des choses humaines toute contraire aux notions de l'antiquité. L'antiquité constituait son patriotisme et fondait son ordre social sur ce double principe : que le devoir de l'homme envers la société, dont il est membre, et surtout envers la nation, *est supérieur à tout autre devoir ;* et réciproquement, que la société à laquelle l'homme appartient a sur lui un droit absolu...

« La religion chrétienne fait tout le contraire : *le grand devoir et le grand fondement de l'ordre social,* ce n'est pas l'amour d'une abstraction qu'on nomme patrie, c'est l'amour d'un être réel... La patrie..., sous la loi chrétienne, n'est plus un être abstrait et mystérieux, quelque chose de supérieur à l'homme et qui approche de la Divinité.... Sous la loi chrétienne, la société a des devoirs envers chacun de ses membres, de même que chacun de ses membres a des devoirs envers elle... Sous la loi chrétienne, nul pouvoir n'est absolu, nulle autorité n'est véritablement

sans limites, parce que nul n'ose s'affranchir des limites, bien plus étroi-
tes qu'on ne pense, que lui impose la conscience réglée par la foi....
Royal ou républicain, aristocratique ou populaire, borné par des lois
positives ou par la seule puissance des mœurs, lié par des conditions
faites avec les hommes ou contenu par les seuls devoirs que la loi de
Dieu impose, le pouvoir est également institué de Dieu... Le Christianisme, indifférent aux querelles politiques, bien vaines souvent, bien
futiles et bien misérables, accepte tout également et ne condamne que
le despotisme, si par despotisme nous entendons ce que nous devons
entendre, c'est-à-dire le pouvoir séparé du devoir, l'autorité qui croit
avoir tout droit sur les hommes, même ceux que lui refuse la loi naturelle et la loi divine.... Voilà toute entière cette politique chrétienne,
si peu savante, si méprisable aux yeux des grands publicistes de notre
siècle, et qui cependant a fait faire aux choses humaines un tout autre
progrès que les révolutions, les constitutions, les thèses et les théories politiques ne pourront jamais lui faire accomplir [1]. »

Cette politique est celle que l'Eglise a professée depuis sa fondation,
celle que les plus illustres théologiens nous ont fait connaître dans leurs
ouvrages [2]. Mais M. Buchez, a la prétention d'avoir découvert la vraie
politique chrétienne. Depuis des siècles, les catholiques, à en croire
l'historien philosophe, se sont égarés en des voies mauvaises : la doctrine du salut individuel a été un fléau pour la société chrétienne.
M. Buchez *vient changer tout cela.* Il n'accepte pas, lui, cette doctrine que
*l'Etat, la nation, la famille, communautés légitimes et nécessaires, existent
pour l'homme et non l'homme pour elles;* il n'admet pas que l'homme soit
la *véritable unité,* et tout le reste *des nombres.* Non ; à l'encontre du *vieux
Christianisme,* M. Buchez relève le dogme païen de la *nationalité.* A la
vérité, il ne fait pas, comme les vieux révolutionnaires dont il a écrit
l'histoire, de la cité un temple, et de la patrie une divinité; mais peu
s'en faut qu'il ne proclame, avec l'antiquité, *que le devoir de l'homme envers la société dont il est membre, surtout envers la nation, est supérieur à
tous les autres devoirs, et, réciproquement, que la société à laquelle l'homme
appartient a sur lui un droit absolu.* Admirateur passionné de Robespierre, qu'il a quasi divinisé [3], M. Buchez paraît croire que l'homme in-
vesti d'une fonction sociale et qui la remplit avec dévouement, *est quitte
de tout le reste.* En un mot, *la Révolution française étant l'émanation du*

[1] Franz de Champagny, *les Césars,* t. IV, p. 352.

[2] Voyez la *Politique tirée de l'Écriture-Sainte,* de Bossuet et Fénelon, *Directions
pour conscience d'un roi.*

[3] C'est à M. Buchez que M. de Lamartine a emprunté tout ce qu'il a écrit d'ex-
clusif sur Robespierre dans *les Girondins.*

Christianisme, le *Buchésisme* en conclut que presque *tous les moyens sont légitimes* pour arriver à la république *démocratique et sociale,* qui est, à ce qu'il paraît, la fin de l'homme sur cette terre. Pour mon compte, je le déclare, mon cher ami, j'ai toujours éprouvé un profond dégoût pour ce jacobinisme catholico-socialiste. Libéral autant qu'homme puisse l'être, j'ai toujours protesté de toutes mes forces contre l'établissement de la grande caserne religieuse, industrielle et politique, où M. Buchez veut enfermer l'homme dépouillé de son libre-arbitre. Assurément personne n'admire plus que moi l'organisation de la Papauté au moyen-âge ; mais rien au monde, pas même *les moyens énergiques* employés par M. de Robespierre, ne me sauraient amener à reconnaître que l'infaillibilité sociale puisse appartenir au régime jacobin-socialiste, au même titre que l'infaillibilité doctrinale appartient au Saint-Siége apostolique. L'Eglise, au moins, quoi qu'elle *ait une mission divine,* n'attend le triomphe de sa doctrine que de la libre soumission des fidèles : elle n'a jamais envoyé à la guillotine, que je sache, quiconque refusait d'adopter un symbole. Voilà ce que je n'ai cessé de vous répéter, depuis de longues années, mon cher ami, et si, jusqu'aujourd'hui, je n'ai point rendu publique ma protestation, vous savez quels motifs ont guidé ma conduite. On affirmait que la philosophie de M. Buchez, que ses opinions radicales avaient *attiré* au Christianisme un certain nombre de démocrates remplis de préjugés contre *les anciens catholiques.* Et, en effet, plusieurs de nos amis, qui sont aujourd'hui d'admirables chrétiens, ont passé par *le camp buchésien.* Je crus donc devoir me taire ; je refoulais en moi tout ce qui bouillonnait dans mon cœur et dans mes veines, lorsque j'entendais dire qu'il fallait, non pas que la démocratie se fît catholique, mais que le Catholicisme se fît *démocratique,* et démocratique à la façon de M. Buchez bien entendu. Mais aujourd'hui que la République est proclamée, et que, pour employer les paroles de Royer-Collard, la démocratie coule à pleins bords, il me sera permis, je l'espère, de dire toute ma pensée sur l'école de M. Buchez, qui a rendu de véritables services, je ne veux point le contester, mais qui, je ne crains pas de le dire, a fait encore plus de mal que de bien.

J'ai fait voir tout à l'heure que la politique de M. Buchez n'était pas la politique du Christianisme. Je n'hésite pas à déclarer maintenant que l'école buchésienne entend *le devoir social* tout autrement que le Christianisme. Et tout d'abord, qu'il me soit permis de le dire, il est faux, de toute fausseté, que Notre-Seigneur soit venu en ce monde pour y établir son règne terrestre, c'est-à-dire pour y faire prévaloir telle ou telle forme politique, telles ou telles institutions sociales. C'est là rabaisser étrangement la mission divine du Sauveur ; c'est assimiler cette mission

à celle que se donnaient les Saint-Simon, les Fourier et autres utopistes ; c'est mentir à toute l'histoire de l'Église catholique. Cette histoire nous apprend en effet (et c'est là l'une des preuves les plus con-
vaincantes de la divinité de notre foi) que le Christianisme, à son
origine, n'a jamais cherché dans les masses agissantes, souffrantes, pas-
sionnées, une force et un point d'appui. Et pourtant un tel point d'appui était aussi aisé à conquérir qu'il était utile à employer. Ce qui se
passe autour de nous, en ce moment, nous prouve assez combien est
facile le succès des doctrines qui s'appuient sur l'intérêt du grand nombre, et lâchent la bride aux ressentiments et aux colères populaires.
Ah! si les apôtres fussent descendus sur les places publiques, et si là,
conviant les prolétaires à l'affranchissement, ils eussent proclamé l'é-
galité absolue dans la vie civile, la liberté de l'homme asservi, l'indépendance des nations courbées sous le joug, les droits des sujets contre
le prince; ah! s'ils eussent inscrit la révolte en tête du code des devoirs
prescrits par l'Evangile, le monde entier, au lieu de persécuter les missionnaires de la bonne nouvelle, se fût à l'instant même converti à Jésus-
Christ. Mais rien de tout cela n'a eu lieu, les buchésiens doivent le savoir, Pierre se proclame le serviteur des serviteurs de Dieu. Ce que Dieu
permet, il l'accepte. Les institutions qui régissent la société, il ne les attaque pas; il les tient au contraire pour nécessaires et légitimes. Certes
l'esclavage, l'infériorité du pauvre, la servitude des nations vaincues
ne sont pas à ses yeux des faits justes, en principe. Mais nulle part il ne
les attaque, nulle part il ne proteste contre aucune iniquité sociale. Que
l'esclave ne brise pas ses fers; qu'il reste soumis à son maître tant qu'il
ne pourra pas obtenir la liberté par les voies légales[1]. Que le pauvre
ne se plaigne pas de la dureté de son *sort*, qu'il n'envie pas les richesses de son prochain, et qu'il attende avec patience ce que ce dernier lui
donnera; que les sujets opprimés de César ne se soulèvent pas contre
lui, car toute puissance vient de Dieu, et le prince, fût-ce Néron lui-
même, doit être obéi, « non-seulement par la crainte qu'il inspire, mais
par le devoir qui lie la conscience. »

Non solùm propter iram, sed etiam propter conscientiam.

Ainsi pour l'esclave, pour le vaincu, pour le pauvre, nul espoir de
trouver dans le christianisme ni appui contre des maîtres indignes, ni
sympathie pour la plainte et pour la colère. Le christianisme impose à
tous les déshérités du monde sa dure et triste vertu, la résignation. Le

[1] Ephés., VI, 5, 8. — Col., III, 22. — Tit., II, 9, 10. — I Petr., II, 18.

divin maître a porté la couronne d'épines; il a gravi la montagne du
Calvaire les épaules chargées d'une croix. Son exemple est notre règle
à tous. Voilà de quelle façon le christianisme encourage ceux qui souffrent, ceux qui sont en captivité et qui méditent des complots. Ah!
qu'à l'exemple des hérétiques, les disciples de M. Buchez découpent
tant qu'ils le voudront des textes sacrés pour légitimer les violences
révolutionnaires; jamais aucun véritable catholique ne se laissera prendre au piége de ces sophismes. Le christianisme ne discute pas les institutions; il n'est pas venu pour redresser les torts de la société, mais
pour juger les hommes et rectifier les consciences. S'il n'encourage pas
les procédés violents du pauvre et de l'esclave, il ne laisse pas non plus
les puissants de la terre dormir en paix au sein des plaisirs et de l'iniquité. Il ordonne au maître de ne point mépriser son esclave, parce que
Dieu est le maître de l'un et de l'autre [1]; il dit au riche de ne pas s'enor-
gueillir de son anneau d'or, et de ne pas traiter le pauvre avec dédain [2].
A tous le christianisme impose rudement le devoir, aux avares de faire
l'aumône, aux violents d'être doux, aux orgueilleux de pratiquer l'humilité, aux voluptueux d'être chastes, aux égoïstes de se sacrifier pour
leurs frères.

Voilà la politique du Christianisme, politique toute différente, il faut
bien le reconnaître, de celle qui proclame que la Révolution française
étant une émanation du Christianisme, tout catholique doit se faire révolutionnaire [3]. — Le Catholicisme révolutionnaire! — Qui donc a prononcé cette espèce de blasphème? — Cela se trouve au long dans la *Revue* de M. Buchez, et ses disciples affirment que de très-bons catholiques, et même des théologiens, *approuvent* et se sont venus ranger
autour de la bannière du maître. — Ainsi, il aurait suffi de quelques dé-
clamations contre la doctrine *du salut individuel*, de quelques phrases
plus ou moins banales sur l'*émancipation des travailleurs* pour entraîner
de vrais catholiques dans les rangs des démocrates socialistes qui iden-
tifient la religion et la politique! Quoi! le Christianisme, alors même
qu'il se cachait dans les catacombes, entreprit la tâche singulière de
prêcher chacun contre son intérêt et ses passions; il osa recomman-
der à l'esclave de rester en servitude, et au maître de donner la liberté
à son serviteur; il prétendit, chose inouïe! changer la face du monde
en enseignant la patience illimitée à ceux qui souffraient, le sacrifice
volontaire aux heureux du siècle, et aujourd'hui, *par politique*, il em-

[1] Ephés., VI, 9.
[2] Jac., II, 2, 3, 4.
[3] *Revue nationale*, Introduction.

ploierait des armes révolutionnaires pour gagner des révolutionnaires ;
il prêcherait la guerre et la spoliation, il armerait le pauvre contre le
riche, l'ouvrier contre le patron, le fermier contre le propriétaire,
afin de détruire les préjugés de la foule et de gagner à soi la multitude
qui, ne comprenant plus le devoir de la résignation, réclame, le fer en
main, une meilleure répartition des richesses sociales ? — Non, non ;
le Christianisme, religion divine, ne peut entrer dans tous ces calculs
humains.

« Les armes avec lesquelles nous combattons, s'écrie le grand apôtre, ne sont pas les armes de la chair [1]. » Et, en effet, dit un excellent
écrivain, « le Christianisme, pour séduire les masses, n'a ni ces mille
passions, ni cette ambition guerrière et nationale que Mahomet a soulevée, ces mille préventions, ces mille intérêts que le protestantisme a
su mettre en œuvre, ni *ce facile ébranlement donné au peuple par l'esprit
révolutionnaire, les prêchant selon leurs désirs, et* TRANSFORMANT LEURS
APPÉTITS EN MAXIME [2]. »

Mais les Buchésiens veulent que l'Eglise se fasse radicale et socialiste
à leur manière, et c'est là, selon moi, leur hérésie. Très-peu de jours
après les sanglantes journées de juin, je reprochais à un ancien condis-
ciple, en présence de plusieurs journalistes, l'exaltation de son socialisme qui avait poussé à l'émeute plusieurs de nos amis communs.

— Comment, lui disais-je, ne tremblez-vous pas, vous chrétien, d'agir
comme vous le faites ? A votre place, en songeant à tout le sang versé,
j'éprouverais d'horribles remords.

— Allons donc, me répondit-il, vous n'êtes pas *un vrai chrétien ;* vous
n'avez pas conscience des souffrances de vos frères. Ah ! l'école de
Buchez comprend bien autrement le devoir social pour les catholiques !

Et, là-dessus, il se mit à me développer les thèses soutenues dans
la Revue nationale par MM. Ott et Marius Rampal. En rentrant chez
moi, je relus attentivement tous ces articles que je n'avais fait que *par-
courir,* et, dès ce moment, la résolution fût bien arrêtée en moi de
protester contre le coupable amalgame que font ces messieurs de leurs
doctrines socialistes avec celles du Christianisme qui n'a jamais prêché, que je sache, la spoliation des *oisifs* en faveur des *travailleurs.*

Voici ce qu'écrivait M. Ott, dans un article sur le *communisme,* trois
jours seulement après les scènes affreuses qui venaient de se passer
sous nos yeux :

[1] In carne enim ambulantes non secundum carnem militamus. — Nam arma
militiæ nostra non carnalia sunt. II Cor., X, 34.

[2] Franz de Champagny, *les Césars,* t. IV, liv. IV, chap. 2.

« Suivant les communistes, la cause de toutes les misères du *travail-leur* c'est la propriété individuelle, et le remède c'est l'abolition de la propriété individuelle. Or, ils se trompent sur la cause comme sur le remède. La cause du mal n'est pas la propriété, mais le mauvais usage de la propriété : la cause c'est l'*exploitation de l'homme par le capital*... Il est parfaitement juste et légitime que l'*individu ait la propriété de l'objet qu'il crée lui-même* par son travail. Cet objet c'est en vertu de la *volonté* et de l'*activité* de l'individu qu'il existe. Celui-ci aurait pu ne pas le créer ; il est donc juste qu'il en fasse son bien. »

Je vous le demande, mon cher ami, avez-vous jamais vu entasser plus de sophismes en si peu de mots ? J'ai acheté de mes deniers une terre dont je confie la culture à un fermier. Ce fermier, *par sa volonté et son activité*, obtient de magnifiques récoltes, du blé, du vin, etc. Est-ce que je n'aurai aucune part au produit de ma terre ? Non, car le fermier aurait pu ne rien semer ! Donc il est juste qu'il fasse son bien et de la moisson et de la vendange ! « La production d'un objet, d'une valeur, est un titre originaire de propriété parfaitement légitime ; suivant nous, c'est même le seul. » — Soit. Mais s'ensuit-il que toute terre devenue jadis la propriété de quelqu'un, par le travail, doive être considérée plus tard comme appartenant à quiconque y aura aussi créé un produit par sa volonté et son activité ? M. Ott professe cette opinion ; *la cause de toutes les misères des travailleurs*, dit-il, *c'est le partage des produits entre le travailleur et le capitaliste.*

« Il est clair que l'individu n'étant qu'*un produit* de la société, *et tenant d'elle ses instruments de travail*, CELLE-CI CONSERVE UN DROIT SUPÉRIEUR A CELUI DE L'INDIVIDU LUI-MÊME sur l'objet qu'il a créé, et de là vient *le domaine éminent* de la société, son droit de régler l'usage et la transmission des biens, l'impôt, l'expropriation pour cause d'utilité publique, etc.

« ..... Aujourd'hui la propriété est le droit d'*user* et d'*abuser*.... d'*abuser, dans le plus mauvais sens de ce mot*... Au point de vue économique, les choses peuvent se diviser en deux grandes catégories : *les instruments de travail et les produits*. Dans la première catégorie entrent les terres, les maisons, etc. ; dans la seconde, tous les objets de consommation par lesquels l'homme et la société vivent et se conservent. Or, user des produits, c'est les consommer utilement ; user *des instruments de travail*, c'est s'en servir pour travailler, C'EST LES EXPLOITER SOI-MÊME ; en abuser, c'est se faire de ces instruments de travail *des instruments d'oisiveté*, en profitant de la *possession* qu'on a pour les faire exploiter par d'autres *et pour s'approprier le produit que* ceux-ci en ont tiré. Il y a là plus qu'un abus de la propriété... Or, c'est de cet *abus* de la propriété que souffrent les classes laborieuses ; c'est parce que *la plus grande partie* des biens qu'ils produisent est prélevée sous le titre de fermage, de loyer, d'intérêt, de profit, *par des oisifs ;* c'est parce qu'ils n'ont pas la propriété *intégrale* de leur travail ; c'est pour ces causes que leur condition est si malheureuse [1]. »

Ainsi, quiconque *n'exploite pas lui-même les instruments de travail* est un *oisif,* une espèce de *voleur* qui *s'approprie* les produits que d'autres ont obtenu ! — Vous êtes, mon cher ami, le plus grand peintre de ce temps-ci ; vous avez nom Ingres. Il vous prend fantaisie d'employer 100,000 francs, prix de l'un de vos tableaux, à l'achat d'une petite terre où vous espérez un jour aller terminer en paix une vie longtemps agitée par la gloire. Eh bien ! sous la République démocratique et sociale de M. Ott et de M. Marius Rampal (dont M. Ott ne fait que reproduire les théories), il vous faudra briser vos pinceaux et *exploiter vous-même les instruments de travail.* La société qui *possède un droit supérieur à celui de l'individu* n'autorise pas *l'oisiveté :* QUI SE REPOSE PERD SA TERRE. Telle est, à les en croire, la formule de ces messieurs, qui, à ce qu'il parait, pourtant, ne sont nullement communistes. Ces derniers veulent anéantir la propriété ; les buchésiens se proposent seulement *d'en extirper les abus.* Or, voici *leur recette :* il faut assurer à chacun le fruit de son travail et délivrer le travailleur de la nécessité où il est aujourd'hui de *partager son produit* avec le possesseur de l'instrument de travail. Pour en arriver là, il faut que le travailleur soit mis lui-même en possession de cet instrument et que cette possession soit de telle nature qu'il ne puisse jamais devenir exploiteur à son tour. C'est ce problème que doit résoudre le système d'association proposé par M. Marius Rampal.

Dans un premier article de ce publiciste, inséré dans *la Revue nationale* du mois d'août 1847, l'auteur débute par reprocher vivement au clergé de faire alliance avec la richesse et d'oublier les anathèmes de Jésus-Christ contre les riches. L'Église qui prit au moyen-âge l'initiative de l'affranchissement des serfs, devrait-elle oublier cette généreuse tradition ? Devrait-elle permettre à ses prédicateurs de dénaturer les paroles du Christ qui a dit : Mon royaume n'est pas *maintenant* de ce monde, et non mon royaume n'est pas de ce monde ? Ah ! sans doute les prêtres ont raison de prêcher la résignation pour aider les malheureux à supporter leurs souffrances présentes, mais la religion ne leur défend pas de donner à ceux qui souffrent l'espérance d'un meilleur sort même sur cette terre. Le Seigneur n'a-t-il pas dit, en s'adressant à son père : *Que votre règne arrive, que votre volonté soit faite* SUR LA TERRE *comme au ciel* [2] ?

[1] *Revue nationale.*

[2] Nous sommes ici en plein saint-simonisme.

Cela posé, M. Rampal entre en matière. Après avoir fait justice des économistes matérialistes, que je lui livre très-volontiers, l'auteur proclame les principes que voici : « L'Etat social, a dit avec raison J.-J. Rousseau, n'est avantageux aux hommes qu'autant qu'ils *ont tous quelque chose et qu'aucun d'eux n'a rien de trop.* »

Donc, donner à tous quelque chose et faire en sorte que personne n'ait rien de trop, tel est *le but* auquel doit aspirer tout gouvernement chrétien, suivant M. Rampal, aujourd'hui préfet de la Loire-Inférieure. C'est, dit-il, cette aspiration au bien-être moral, intellectuel et physique *qui fait la dignité* des classes deshéritées..... *Lorsque dans un pays les uns ont de trop, les autres ne doivent pas cesser de réclamer ce qui leur manque.* « Les malheureux, s'écriait Saint-Just, sont les puissances de ce monde ; *ils ont droit de parler en maîtres aux gouvernements qui les négligent.* » Paroles qui ne sont pas d'un fanatique, suivant M. Rampal, mais d'un vrai patriote, d'un véritable ami de l'humanité.

Après avoir tonné contre la loi de 1824 sur les chemins vicinaux, laquelle rétablit la corvée sous le nom de *prestation en nature ;* contre les péages des bacs et des ponts ; contre les bureaux de tabacs qui *sont de véritables* fiefs ; contre la loi sur les ports d'armes, laquelle assure *aux bourgeois les plaisirs des rois ;* contre l'égalité des impôts *qui est illusoire avec le système de la proportionnalité ;* enfin contre mille et mille autres abus, M. Marius Rampal termine ainsi son second article : « Il faut que les classes laborieuses en soient bien persuadées : quiconque dans notre pays, *tel qu'il est organisé,* n'a que son intelligence et ses bras, pourra peut-être vivre avec beaucoup de souffrances, *mais ne saurait se flatter d'arriver à l'aisance ou à la fortune,* à moins de ces hasards un peu plus fréquents dans les sociétés agitées, fort rares dans les sociétés assises et qui, dans tous les cas, ne peuvent favoriser que quelques individus. Or, *c'est la condition des masses qu'il s'agit de changer* [1]. »

Ce merveilleux moyen *d'émanciper les travailleurs* et de les affranchir de l'ilotisme dans lequel *la tyrannie du capital voudrait les tenir éternellement enchaînés,* M. Buchez l'avait indiqué, M. Rampal l'affirme, dans *l'Européen* de 1831. L'association dans le travail *donnera infailliblement quelque chose à tous et fera que nul n'aura rien de trop.* Prêtez l'oreille, mon cher ami, nous sommes sur la voie du *véritable* bonheur commun.

II

Le capital, dit M. Marius Rampal, domine toute notre époque : la propriété immobilière, par l'hypothèque ; le travail, par le salaire ;

---

[1] *De l'émancipation des classes laborieuses,* dans la *Revue nationale.*

l'agriculture, par l'usure ; l'industrie, par la commandite ; le commerce et l'Etat lui-même, par le crédit. Or, cette *féodalité des temps modernes doit-elle durer toujours ?* Est-elle le dernier mot de la civilisation ? — M. Rampal ne le pense pas. Le seul système rationnel et applicable à la société actuelle, suivant ce publiciste, c'est *la libre association dans le travail, avec l'égalité dans la peine et la fraternité dans le profit.*

Le système d'association de M. Rampal n'a rien de commun avec l'association du *capital* et du *travail.* Dans cet arrangement, l'ouvrier est sous la dépendance du maître. Or, M. Rampal considère le patronage des maîtres comme un *asservissement pour les travailleurs.* La combinaison fouriériste, qui associe le *capital,* le *travail* et le *talent,* n'est pas davantage du goût du fonctionnaire socialiste. La réalisation de cette fameuse formule, dit-il, modifierait à peine la condition des classes laborieuses. *Fourier, qui pouvait être très-pacifique, n'était nullement démocrate.* Ce déplorable *anarchiste en morale,* était un juste-milieu en organisation du travail. Quant à M. Marius Rampal, qui est *radical* au premier degré, ce qu'il poursuit, c'est l'indépendance complète, entière, absolue, des classes laborieuses à l'égard du capital.

« L'émancipation des classes laborieuses, telle que nous l'entendons, dit-il, doit avoir pour but *la disparition de ces propriétaires oisifs* qui, au moyen de leurs terres, de leurs maisons, de leurs mines, de leurs navires, de leurs machines, de leurs capitaux, vivent sans rien faire [1], *consomment beaucoup sans rien produire,* et dont la richesse s'accroît, tandis que la misère des travailleurs augmente. »

En résumé, suivant *l'utopie* de M. Rampal, il faut qu'il n'y ait ni propriétaires oisifs, ni capitalistes et maîtres exploitants ; que nul ne puisse *participer aux fruits du travail sans avoir travaillé ;* que le capital appartienne à ceux qui le font valoir ; que les instruments du travail soient la propriété de ceux qui en tirent les produits ; enfin que les chefs d'industrie, que les chefs d'ateliers *ne considèrent pas leur œuvre comme supérieure à celle des autres travailleurs, et ne prétendent pas par ce motif à une plus grande part dans la répartition des produits.* Telle est la théorie de M. Marius Rampal, ou plutôt, telle est la théorie de l'école buchésienne depuis 1831. Cette théorie, trois jours à peine après les sanglantes journées de Juin, M. Ott la célébrait encore. La pensée ne lui était même pas venue que ces appels à un bouleversement complet de la Société, que ces innombrables systèmes que chacun a la prétention de faire accepter à la République, avaient troublé toutes les cervelles et poussé les masses à la

---

[1] Toujours la *meurtrière* distinction des saint-simoniens entre les *travailleurs* et les *oisifs !*

guerre civile. Non ! convaincus que leur doctrine, *émanation du Christianisme*, est infaillible comme celle QUE L'EGLISE est chargée de nous enseigner, ils ont continué à prêcher comme auparavant cette maxime socialiste, *que l'individu n'a de valeur que par le devoir qu'il remplit à l'égard de la Société, et par la fonction qu'il accomplit dans l'œuvre commune.* Et pourtant ce principe une fois admis, comme le fait observer un savant jurisconsulte, « on ne voit pas ce qu'on pourrait opposer aux apôtres d'Icarie. »

M. Ott nous a appris toutefois que, si les Buchésiens demandent l'association dans le travail, ils repoussent de toutes leurs forces l'association dans la consommation, c'est-à-dire la vie en commun. En cela, il est vrai, *on n'est pas en communion* avec les apôtres d'Icarie ; mais, à cela près, on est communiste.

De tout ce qui précède, vous avez pu vous convaincre, mon cher ami, que l'école de M. Buchez professe l'erreur commune à toutes les sectes socialistes ou communistes, c'est à savoir « que l'Etat est la fin dernière de l'humanité, et que chacun de nous n'est ici-bas qu'un des mille ressorts d'une immense machine fonctionnant au seul profit du gouvernement, sinon au plus grand profit de ceux qui la dirigent. »

Ne vous semble-t-il pas que tous ces fondateurs de secte et d'école ont toujours devant les yeux (sans aucune arrière-pensée personnelle, je le veux croire,) l'idéal d'un gouvernement théocratique dirigé par un *grand métaphysicien*, par un père suprême, lequel, pour emprunter le langage des saints-simoniens, *gouvernerait le for intérieur aussi bien que le for extérieur*, et aurait charge de distribuer à tous les membres de la communauté une portion des biens de l'Etat réputés biens religieux [1] ? Ce qui est certain, c'est que tous les *Essais* du socialisme buchésien aboutissent à l'établissement d'un grand couvent industriel et politique, dans lequel chacun, tout en étant réputé l'égal de son chef élu, devra faire abnégation de son libre-arbitre aux pieds de ce représentant suprême de l'*unité nationale.*

« Veut-on toucher au doigt tout ce qu'il y a de faux et de dangereux dans ces théories excessives, dit M. Laboulaye dans une excellente brochure publiée ces jours derniers ? Qu'on lise le résumé suivant des doctrines de l'école la plus recommandable assurément par l'honnêteté et le dévouement :

« Les sociétés n'ont d'existence et de vie que parce qu'elles forment des nations.

« Le principe de la nationalité, le devoir et la mission de chaque peuple dominent les droits et les intérêts individuels.

[1] Voir plus haut.

« *L'individu n'a de valeur que par le devoir qu'il remplit vis-à-vis de la société* par la fonction qu'il accomplit dans l'œuvre commune.

« Ainsi les droits individuels doivent être jugés *au point de vue de la société,* et non pas les droits de la société au point de vue de l'individu [1]. »

Ces doctrines ont soulevé en M. Laboulaye la plus légitime répulsion. «Si l'auteur de cette exposition, fait observer le publiciste, a voulu dire qu'en certains cas l'individu doit sacrifier son bien et même sa vie à l'intérêt général, il a exprimé en termes déclamatoires une vérité assez vieille pour être dite plus simplement ; mais si, comme je le crois, au lieu de reconnaître que la société et l'individu ont des droits et des devoirs réciproques, il a subordonné entièrement l'un à l'autre et posé en règle absolue que l'Etat a le droit de disposer du citoyen où et comme il l'entend, il a énoncé une maxime abominable dans ses conséquences et qui serait la justification de toutes les tyrannies. Il ne sert de rien de dire que chaque peuple a une mission, et que c'est seulement par cette mission (divine ou sociale, comme on voudra), que l'Etat a le droit d'épuiser les forces de l'individu ; raisonner ainsi c'est reculer la difficulté, mais non la résoudre. Car cette mission, qui la détermine ? Est-ce la volonté générale, ou, en d'autres termes, le vote de la majorité ? Est-ce le chef de l'Etat ? Mais si cette majorité qui prononce sans appel est égarée par la passion, ou même par l'excès des plus nobles sentiments ? Si, par exemple, au nom de la fraternité, elle donne pour mission à la France de secourir tous les peuples opprimés, et que, pour une guerre facilement évitable, elle use notre dernier homme et notre dernier écu ? Mais si votre Pape social n'est pas infaillible ? S'il prend un paradoxe pour une vérité, le cri de la rue pour la voix du pays ? S'il croit à l'organisation du travail, à la communauté, à quelqu'une de ces rêveries si bien placées dans les livres, mais qui se traduisent par des coups de fusil quand elles en sortent ?

« Nous voilà sur le grand chemin de la tyrannie, et de la plus insupportable de toutes, une tyrannie qui s'impose en quelque façon de droit divin, qui a foi en elle-même, et qui n'admet ni discussion, ni raisonnement. Votre Etat est un couvent où règne une seule volonté, celle du supérieur ; une seule vérité, son opinion ; une seule pensée, son rêve du jour. Quel que soit le chef de ce gouvernement, homme ou assemblée, c'est un despote plus absolu que les souverains de l'Orient. *Le résultat le plus certain de votre révolution sociale,* c'est d'organiser la ty-

---

[1] *Revue nationale,* numéro du 4 mai 1848, t. I, p. 421. Comparez à l'article du 1er juin, p. 467.

rannie, sinon dans les hommes, du moins dans les institutions. Mais laissez faire l'inexorable logique qui régit les choses humaines : le despotisme une fois déposé dans l'organisation sociale, *le maître ne se fera pas attendre. Les événements l'en feront sortir.* »

Ne vous semble-t-il pas, mon cher ami, qu'Edouard Laboulaye ait écrit les lignes que vous venez de lire pour servir de conclusion à mon travail? C'est que tout homme que n'aveuglent pas d'orgueilleuses et chimériques espérances ne saurait aujourd'hui apprécier la situation des choses et les théories de ces écrivains autrement que ne l'a fait le savant publiciste.

Depuis 1844, où, dans une lettre à M. de Kerdrel, je dénonçais les progrès de la tyrannie socialiste, je n'ai cessé, mon cher ami, de vous signaler le danger qu'il y avait, et pour le pays et pour l'Eglise elle-même, dans l'assimilation que tous les sectaires socialistes, communistes, fouriéristes et autres, s'efforçaient d'établir entre le Christianisme et la démocratie socialiste. Après avoir lutté quinze années, vous disais-je, pour repousser l'identification qu'on voulait établir entre le trône et l'autel, malheur à nous, si, maintenant, nous ne combattions pas de toutes nos forces ceux qui osent écrire dans leur recueil : « LA RÉPUBLIQUE, C'EST LE PROGRÈS ET LE CHRISTIANISME [1] »

Ne laissons pas lier en quelque sorte le sort de notre foi et de notre Eglise à celui de toutes ces formes politiques qui passent, la plupart du temps, aussi vite que ceux qui les ont établies. Le clergé de France, sous le gouvernement qui vient de finir, ne s'est pas mêlé aux vaines querelles des partis : il ne s'est point courbé devant la puissance de l'Etat. Oh ! puisse-t-il en être de même aujourd'hui ! *In carnem enim ambulantes, non secundum carnem militamus; nam arma militiæ nostræ non carnalia sunt.* Le vénérable prélat dont la chrétienté tout entière a célébré le dévouement a tracé avec son sang au clergé français la voie dans laquelle il faut marcher. Demandons à Dieu de toutes nos forces que personne ne s'en écarte, et que l'esprit d'obséquiosité envers tous les pouvoirs, qui caractérise notre époque [2], n'entraîne pas quelques esprits faibles à réaliser des appréhensions qu'exprimait en ces termes, il y a peu d'années, un écrivain de talent :

« C'est à l'utopie que nous devons ces controverses dont la religion fait les frais, et où, *pour en venir plus sûrement à bout, on l'étouffe sous des baisers perfides.* Toute époque a ses hérésiarques, mais autrefois ils marchaient à découvert et rendaient leurs desseins manifestes.

[1] *Revue nationnaale*, 28 février.

[2] Mépris de toute autorité et, en même temps, servilité envers tous les pouvoirs victorieux, rien de si commun en France.

«..... Aujourd'hui, c'est une attaque ténébreuse. Certes la religion eut à subir de rudes assauts de la part des moines du moyen âge et des philosophes du siècle dernier ; ils employèrent pour la détruire des armes terribles, la déclamation et le sarcasme. Ces armes du moins étaient loyales. *Ce qui ne l'est pas, c'est d'être avec elle et contre elle, de l'accepter et de la nier, de la couvrir à la fois d'encens et d'outrages*, d'exalter son principe et de l'anéantir, de la reconnaître emphatiquement, A LA CONDITION D'EN ALTÉRER L'ESSENCE. Voilà ce qui n'est pas la guerre, mais la trahison... Parmi ces sectaires, les plus religieux ne parlent de rien moins que de bouleverser de fond en comble le culte et le rite, la croyance et le sacerdoce, *et de s'attribuer une papauté sans contrôle et sans limites.*

« Rêves insensés! dira-t-on ; oui, insensés, *mais funestes*. C'est déjà un péril que les questions soient posées ainsi. *Où l'on croit les combattre seulement, souvent on s'y abandonne...* Le clergé même, à son insu, cédera à cette impulsion. *Il quittera les retranchements* où est sa force, où est sa grandeur ; il descendra en rase campagne sur un terrain nouveau, plein d'embuches pour lui. Il dépouillera cette vieille armure sous laquelle Bossuet jetait au schisme de fiers défis.... Encore quelques instants d'oubli, et le jargon des écoles aura infesté jusqu'au sanctuaire, et l'Eglise troublée sentira les armes tomber de ses mains, sans pouvoir dire si elle a été vaincue par ses adversaires ou livrée par ses propres enfants[1] ! »

Certes, j'ai la ferme confiance que ces sinistres prédictions ne s'accompliront pas ; mais, il faut le reconnaître, le danger est réel. L'utopie, déchaînée sur notre pays, semble ne vouloir respecter ni es croyances ni les mœurs ; la société tremble encore sous les chocs qu'elle a reçus. Tout a été profané dans les livres ; on y a fondé des chaires de morale en l'honneur de tous les égarements. Les journaux les plus sérieux ont ouvert leurs colonnes aux prédications du socialisme populaire, sans qu'une seule voix s'élevât dans le gouvernement déchu pour flétrir tant d'immoralité. Pendant dix-sept années, la charité catholique a été presque partout en butte au mauvais vouloir des fonctionnaires, qui lui reprochaient de se servir des secours matériels qu'elle donnait pour pénétrer dans les consciences. Pénétrer dans les consciences ! c'était là un crime de lèze-majesté de l'intelligence humaine. Hélas! tous ces hommes ignoraient complétement que si les chrétiens ont régénéré le monde, ce n'est point par l'aumône mais par la charité ! Aujourd'hui nous portons le poids de toutes les fautes et

[1] L. Reybaud, *Etudes sur les Réformateurs*, t. II. CONCLUSION.

de tous les despotismes! *La liberté s'en va*, mon cher ami ; elle périt sous les excès du socialisme démagogique. Ah ! quand le premier signal du mouvement qui agite aujourd'hui l'Europe jusqu'en ses fondements fut donné par la Suisse, au commencement de cette année, une voix prophétique nous annonça les funérailles de la liberté. « Savez-vous, s'é-criait-elle, ce que le radicalisme menace le plus ? Ce n'est pas au fond le pouvoir : le pouvoir est une nécessité de premier ordre pour toutes les sociétés. Ce n'est pas même la propriété….. Mais savez-vous ce qui peut périr chez tous les les peuples ? C'est la liberté ! Ah ! *oui elle périt, et pendant de longs siècles* elle disparaît ! »

Ces paroles soulevèrent de grandes colères. M. Marrast lança ses foudres contre l'orateur catholique, M. Buchez l'attaqua à outrance. « Le parti radical, dit-il, est au fond plus libéral que son accusateur. Si le radicalisme est fort, c'est qu'il prétend ORGANISER LA LIBERTÉ POUR TOUT LE MONDE. C'est pour cela que, malgré ses erreurs, il a pour lui la *vérité*, la *justice*, le *nombre*, et *qu'il a aussi*, quoi qu'on en dise, cette religion qui nous a enseigné que pour mériter d'être le premier parmi les hommes il faut se faire leur serviteur. »

Que pensent MM. Marrast et Buchez, depuis le 15 mai, de la manière dont les radicaux entendent *organiser la liberté pour tous ?* Je l'ignore ; mais ce dont je suis certain, c'est que la France tout entière applique à cette heure à l'école de M. Buchez, école composée d'élégants mais chimériques écrivains, ces paroles que le maître jetait dans la *Revue nationale* du 1ᵉʳ février 1848 à M. de Montalembert et à ses amis : « Le bon sens public a jugé vos doctrines ! »